Niños, niñas y adolescentes

Darío Paglietta Giorgis

Niños, niñas y adolescentes

Problema Municipal, Competencia Provincial, Recursos Nacionales

Colección UAI - Investigación

UAI
Universidad Abierta
Interamericana

teseo

Paglietta Giorgis, Darío
Niños, niñas y adolescentes : problema municipal, competencia provincial, recursos nacionales . - 1a ed. - Ciudad Autónoma de Buenos Aires : Teseo, 2014.
146 p. ; 20x13 cm.
ISBN 978-987-723-002-4
1. Infantes. 2. Legislación. 3. Recursos Públicos. I. Título
CDD 346

UAI
Universidad Abierta
Interamericana

© UAI, 2014

teseo

© Editorial Teseo, 2014

Teseo - UAI. Colección UAI - Investigación

Buenos Aires, Argentina

ISBN 978-987-723-002-4

Editorial Teseo

Para sugerencias o comentarios acerca del contenido de esta obra, escríbanos a: **info@editorialteseo.com**

www.editorialteseo.com

PRESENTACIÓN

La Universidad Abierta Interamericana ha planteado desde su fundación en el año 1995 una filosofía institucional en la que la enseñanza de nivel superior se encuentra integrada estrechamente con actividades de extensión y compromiso con la comunidad, y con la generación de conocimientos que contribuyan al desarrollo de la sociedad, en un marco de apertura y pluralismo de ideas.

En este escenario, la Universidad ha decidido emprender junto a la editorial Teseo una política de publicación de libros con el fin de promover la difusión de los resultados de investigación de los trabajos realizados por sus docentes e investigadores y, a través de ellos, contribuir al debate académico y al tratamiento de problemas relevantes y actuales.

La Colección Investigación TESEO - UAI abarca las distintas áreas del conocimiento, acorde a la diversidad de carreras de grado y posgrado dictadas por la institución académica en sus diferentes sedes territoriales y sus líneas estratégicas de investigación, que se extiende desde las ciencias médicas y de la salud, pasando por la tecnología informática, hasta las ciencias sociales y humanidades.

El modelo o formato de publicación y difusión elegido para esta colección merece ser destacado al posibilitar un acceso universal a sus contenidos. Además de la modalidad tradicional impresa comercializada en librerías seleccionadas y por nuevos sistemas globales de impresión y envío pago por demanda en distintos continentes, la UAI adhiere a la Red Internacional de Acceso Abierto para el Conocimiento Científico y a lo dispuesto por la Ley N° 26.899 sobre Repositorios digitales institucionales de acceso abierto en ciencia y tecnología, sancionada por el Honorable Congreso de la Nación Argentina el 13 de noviembre de 2013, poniendo a disposición del público en forma libre y gratuita la versión digital de los mismos en el sitio web de la Universidad.

Con esta iniciativa la Universidad Abierta Interamericana ratifica su compromiso con una educación superior que busca en forma constante mejorar su calidad y contribuir al desarrollo de la comunidad nacional e internacional en la que se encuentra inserta.

Dr. Mario Lattuada
Secretaría de Investigación
Universidad Abierta Interamericana

ÍNDICE

Si bien todavía no he llegado al status de abuelo, creo que no hay nadie mejor para hacer cumplir, garantizar y divulgar los derechos de los niños, niñas y adolescentes. Por eso quiero dedicar el presente a mis abuelos Antonio Paglietta, Rosa Baroli, Serfonte Giorgis y Magdalena Giraudo. Todos ellos concretaron en mi persona el más amplio y frondoso catálogo de derechos y garantías, aun antes de que éstos se plasmaran en cualquiera de las normas que repasaremos en el presente.

Imprescindiblemente debo extender esta dedicatoria a mi madre, a la que si bien ya le he dedicado mi primer libro, su ciclópea tarea de abuela eclipsa la más esplendorosa y perfecta de las normas legales.

INTRODUCCIÓN

Además de ser utilizado en la Ciencia Política y en la Administración –estudios sobre la gestión pública–, el término governance viene siendo empleado desde los años ochenta y noventa del siglo XX en el ámbito internacional por las principales organizaciones internacionales como la ONU, el Banco Mundial y la OCDE.

El «Código Iberoamericano de Buen Gobierno», firmado el 23 de junio de 2006 en Montevideo por mandatarios de 17 países, define el buen gobierno como:

> Aquél que busca y promueve el interés general, la participación ciudadana, la equidad, la inclusión social y la lucha contra la pobreza, respetando todos los derechos humanos, los valores y procedimientos de la democracia y el Estado de Derecho.

El buen gobierno –que en todo caso se admite que es un ideal difícil de alcanzar en su totalidad– tiene ocho características principales:

1) Es participativo.

La participación es una piedra angular del buen gobierno, ya se trate de una participación directa o a través de instituciones o de representantes. Esto significa libertad de asociación y de expresión, por una parte, y una sociedad civil organizada, por otra.

2) Está orientado al consenso.

El buen gobierno necesita la mediación de los diferentes intereses existentes en la sociedad para alcanzar el consenso más amplio en torno a lo que sea el mejor interés de la sociedad en su conjunto y a cómo lograrlo. Requiere también una perspectiva a largo plazo acerca de las necesidades del desarrollo humano sostenible y acerca de la manera de alcanzar los objetivos de tal desarrollo.

3) Rinde cuentas.

La obligación de rendir cuentas es un requisito clave del buen gobierno. No sólo las instituciones públicas sino también el sector privado y las organizaciones de la sociedad civil tienen que rendir cuentas a los ciudadanos y a los grupos implicados. Quién tenga que rendir cuentas ante quién es algo que varía en función de si las decisiones o acciones que se tomen tienen efectos internos o externos a la organización o a la institución. Como regla general, una organización o una institución tienen que rendir cuentas a aquéllos que se verán afectados por sus decisiones o acciones. La obligación de rendir cuentas no puede ponerse en práctica sin transparencia y sin el Estado de Derecho.

4) Es transparente.

La transparencia significa que las decisiones se toman y se hacen efectivas siguiendo las normas y los procedimientos. Significa también que aquéllos que se verán afectados por las decisiones y su efectividad puedan disponer libre y gratuitamente de la información y tener acceso directo a ella; y que se suministra información suficiente y fácilmente comprensible.

5) Es receptivo y capaz de dar respuestas.

El buen gobierno demanda que las instituciones y los procesos den respuesta a las peticiones de las partes interesadas y de los grupos implicados en un plazo de tiempo razonable.

6) Es eficaz y eficiente.

El buen gobierno significa que los procesos y las instituciones producen resultados que satisfacen las necesidades de la sociedad mediante el mejor uso posible de los recursos disponibles. En este contexto, la eficiencia comprende también el uso sostenible de los recursos naturales y la protección del medio ambiente.

7) Es equitativo e incluyente.

Hay bienestar en la sociedad cuando todos los miembros sienten que forman parte de ella y tienen algo que ganar y no que están excluidos.

8) Estado de Derecho.

El buen gobierno necesita leyes justas que se aplican imparcialmente. Tampoco hay buen gobierno sin una protección amplia de los derechos humanos, en particular de los de las minorías. La aplicación imparcial de la ley precisa un poder judicial independiente y una policía íntegra.

Es nuestra intención en el presente trabajo, siguiendo los criterios rectores del buen gobierno, tratar de analizar y colaborar en la materialización de las obligaciones que surgen de uno de los documentos sustanciales relacionados con los Derechos Humanos; nos referimos a la Convención Internacional de los Derechos del Niño (CIDN). Qué mejor oportunidad y qué mejor causa para implementar, desarrollar o afianzar los principios del buen gobierno.

No se nos ocurre en este momento otra empresa imbuida de más justicia y equidad que la vigencia plena de la CIDN en la República Argentina. Tal vez si los ejemplos de buen gobierno comienzan por los niños, niñas y adolescentes, en un tiempo no muy lejano no cueste tanto la sostenibilidad del buen gobierno.

Pero debemos anticipar que el camino no está precisamente plagado de rosas, y por ello el tránsito por el sendero es bastante escabroso.

Esencialmente en este trabajo analizaremos la inserción de los tratados internacionales en el ordenamiento jurídico argentino y santafesino. Abordaremos el complejo fenómeno competencial y las vicisitudes que éste atraviesa, tanto desde el punto de vista de las relaciones de coordinación, colaboración y cooperación como también por el acuciante y endémico problema de la financiación competencial.

Luego, analizaremos la legislación que como consecuencia de la CIDN se dictó en nuestro país y en nuestra provincia, con especial referencia a esta última. Culminado con una serie de conclusiones y propuestas, críticas y mejoradoras, del sistema imperante.

CAPÍTULO 1
PROGRAMA CONSTITUCIONAL,
PRIVILEGIO Y SELECCIÓN

Niños, Niñas, Adolescentes y Programa Constitucional

Como dice Nigel Cantwell, la Convención Internacional de los Derechos del Niño (CIDN):

> Más que un catálogo de derechos de los niños [...] constituye una lista completa de las obligaciones que los Estados están dispuestos a asumir para con los niños. Dichas obligaciones pueden ser directas –procurar medios educativos y un buen funcionamiento de la administración de la justicia de menores, por ejemplo– o indirectas, en vistas de permitir a los padres, familiares o tutores desempeñar el papel que les corresponde y asumir su responsabilidad de cuidar y proteger al niño. En otras palabras, la Convención no constituye bajo ningún concepto una "carta de liberación del niño", como tampoco su existencia menoscaba en nada la importancia de la familia.[1]

Esas obligaciones asumidas por los Estados deben insertarse en los ordenamientos jurídicos internos de cada país y por ello debemos tratar de determinar la ubicación y la armonización dentro del programa constitucional de los imperativos, directos y directos, que surgen de la convención internacional.

---

[1]   http://surargentina.org.ar/materialinteres/material/01_norma-tiva_vigente/ 01_convencion_comentada.pdf

La mención sobre la incorporación de los tratados internacionales en el Inciso 22 del Artículo 75 de la Constitución, hace que debamos dedicar unas líneas a la discusión suscitada sobre el lugar que ocupan esos tratados en nuestro ordenamiento jurídico.

> Los Estados siguen existiendo. Sus ordenamientos internos también. Sus constituciones también. Pero se les filtran contenidos, que provenientes de fuentes heterónomas o externas, o sea, colateralmente. Entre ellas, el derecho internacional de los derechos humanos y el derecho comunitario cobran relevancia.[2]

No pretendemos agotar el tema de la ubicuidad de los tratados internacionales en nuestro derecho, sino solamente plantear brevemente las alternativas posibles y tomar partido por alguna de ellas, que nos permita continuar con el desarrollo de la exposición.

Seguimos a Bidart Campos en cuanto a su planteo de colateralidad de los tratados internacionales respecto de nuestro ordenamiento jurídico.

> Quiere decir que en virtud de los principios generales del derecho internacional, de tratados de derechos humanos, y de la integración estatal en comunidades supra estatales que engendran su propio derecho comunitario, los estados incorporan a su derecho interno contenidos que derivan de aquellas fuentes heterónomas o externas, esas fuentes no están por encima del Estado, sino en sus costados, en su periferia; afuera del orden jurídico interno; por eso las denominamos fuentes heterónomas o externa. Por eso condicionan y limitan al derecho interno, incluso a la Constitución, no puede negarse.[3]

---

[2]   Bidart Campos, Germán, *Manual de la Constitución Reformada*, Ed. Ediar, Buenos Aires, Tomo I, p. 339.
[3]   *Ibid.*, p. 342.

Es evidente que la reforma constitucional de 1994 ha significado un avance significativo en materia de derechos humanos. Ello ha producido, al decir de Gordillo, una ampliación de la esfera de derechos del ciudadano.

En cualquier caso y así como ya nuestra Constitución, en una lectura no excesivamente atada al pasado, permitiría leer en ella lo que el Pacto de San José se limita a explicitar, lo mismo ocurre con los demás pactos de derechos humanos: pueden y deben ser aplicados por nuestros tribunales. La Convención Americana de Derechos Humanos, al igual que los demás tratados internacionales de Derechos civiles y políticos contienen una importante enumeración de garantías individuales y libertades públicas, que en su gran mayoría constituyen un avance sobre el estado previo de nuestra legislación y que además definen, con mayor amplitud que nuestra Constitución muchos derechos individuales (ampliándolos, no reduciéndolos, por lo que no existe en tal aspecto conflicto normativo) ella tiene en primer lugar una importancia práctica como propósito normativo de acrecentamiento material del ámbito de libertad y de la esfera de derechos de los individuos.[4]

Sigue diciendo Gordillo que se ha constituido un mínimo de derechos que no pueden negarse al ciudadano, constituyendo su negación una flagrante contradicción de la conducta estatal con el bloque de legalidad constitucional, que como luego veremos no sólo trae como consecuencia la insatisfacción de la necesidad, la perturbación del derecho y la aniquilación de la garantía constitucional.

---

[4]   Gordillo, Agustín, *Tratado de Derecho Administrativo*, Ed. Fundación de Derecho Administrativo, Buenos Aires, p. 123.

De todas maneras, no sólo es favorable al ciudadano, la ampliación y constitución de un mínimo de derechos[5] de los que no puede ser privado y que el bloque de legalidad constitucional garantiza; además los tratados incorporados, con mejor y más depurada técnica legislativa que brinda un tratamiento más minucioso y detallado a cada derecho consagrado, incorporó en el desarrollo de los derechos consagrados el aspecto económico o de financiación de los derechos humanos de tipo social.

Los tratados internacionales marcan decididamente no sólo la consagración de los derechos y la garantía de los mismos, sino que además vinculan –como no podría ser de otro modo– los derechos y los recursos públicos necesarios para financiarlos.

Podemos citar el Artículo 11 de la Declaración Americana de los Derechos y los Deberes del Hombre que dice:

> Toda persona tiene derecho a que su salud sea preservada por medidas sanitarias y sociales, relativas a la alimentación, el vestido, la vivienda y la asistencia médica, correspondientes al nivel que permita los recursos públicos y los de la comunidad.

El mismo Tratado, en el tercer párrafo del Artículo 12 dice:

---

[5] Los derechos humanos constituyen un estándar mínimo de derechos que, por su calidad de resultar inherentes a la persona humana, sólo pueden progresar, extenderse o ampliarse. Pero no restringirse ni suprimirse. Hablamos aquí de tres principios rectores que interactúan en forma constante: el principio de irreversibilidad, el de progresividad, y el de razonabilidad. Cualquier norma que quiera reducir la virtualidad y el ámbito de aplicación de estos derechos, inevitablemente conducirá a la irracionabilidad y, en consecuencia, a su inconstitucionalidad.

El derecho de educación comprende el de igualdad de oportunidad en todos los casos, de acuerdo con las dotes naturales, los méritos y el deseo de aprovechar los recursos que puedan proporcionar la comunidad y el Estado.
La Declaración Universal de los Derechos Humanos en su artículo 22 dice que:
Toda persona, como miembro de la sociedad, tiene derecho a la seguridad social, y a obtener, mediante el esfuerzo nacional y la cooperación internacional, habida cuenta de la organización y los recursos de cada Estado, la satisfacción de los derechos económicos, sociales y culturales indispensables a su dignidad y al libre desarrollo de su personalidad.

El Pacto Internacional de Derechos Civiles y Políticos en su Parte I, en el apartado 2 del Artículo 1ro. establece que:

Para el logro de sus fines, todos los pueblos pueden disponer libremente de sus riquezas y recursos naturales, sin perjuicio de las obligaciones que derivan de la cooperación económica internacional basada en el principio de beneficio recíproco, así como del derecho internacional. En ningún caso podría privarse a un pueblo de sus propios medios de subsistencia. El privilegio del derecho y la justificación en la selección

Ahora bien, descontada la inserción jurídica de la CIDN en el plexo normativo argentino, debemos determinar en consecuencia qué tipo de actividad le corresponde desarrollar al Estado para satisfacer la obligación asumida a partir de la vigencia del Artículo 75.22 de la C.N.

¿Puede el Estado libremente escoger las necesidades a satisfacer o por el contrario tiene demarcado un itinerario constitucional de prioridades, obligaciones y garantías?
Pienso que son cuatro las hipótesis que en síntesis pueden presentarse en la práctica: a. Cuando el legislador establece claramente el interés público concreto perseguido y las medidas a adoptar para su eficaz realización. Aquí hay

actividad vinculada. b. Cuando el legislador no determina
sino genéricamente el interés público a satisfacer y tampoco señala los medios o caminos para lograrlo. Aquí puede
haber discrecionalidad tanto para particularizar el interés
público concreto, como fijar los medios de realización. c.
Cuando el legislador no determina sino genéricamente el
interés público a satisfacer y tampoco señala los medios o
caminos para lograrlo. Aquí puede haber discrecionalidad
tanto para particularizar el interés público concreto, como
para fijar los medios de realización. d. Cuando el legislador
no establece la finalidad ni los medios correspondientes
para su realización, el administrador podrá hacer uso de
la discrecionalidad.[6]

De acuerdo a lo repasado hasta aquí, no existe duda
que el Constituyente –histórico y el reformista– han
querido determinar clara y precisamente el interés de
determinadas cuestiones, entre ellas ubicamos a la CIDN
sobre todo a partir de la reforma constitucional de 1994.

Son en general tres los aspectos que hay que observar para
detectar la presencia de una atribución discrecional: a. el
análisis del orden jurídico vigente que en el marco de una
interpretación contextual autorice una modalidad discrecional; b. el uso de la locución normativa "podrá" u otras
expresiones análogas cuando consientan una libertad de
actuación; y c. la naturaleza intrínseca de la problemática
a dilucidar.[7]

Ninguno de los tres aspectos señalados por el
Magistrado cordobés, convergen en el tema que analizamos, por ello nos aventuramos a concluir que la

---

[6]   Sesín, Domingo J., *Administración pública, actividad reglada,
        discrecional y técnica*, 2° ed., Ed. Lexis Nexis Depalma, Buenos
        Aires, 2004, p. 150.
[7]   *Ibid.*, p. 155.

actividad que debe realizar el Estado en cuanto a la satisfacción de los derechos consagrados en los tratados internacionales, la constitución y el plexo normativo todo, referidos a la CIDN, exigen del Estado una actividad que posee un contenido casi totalmente reglado, y decimos casi totalmente, pues es casi imposible encontrar una actividad reglada o discrecional[8] pura, y en la realidad de los hechos conviven, muchas veces sin armonía, coexistiendo en una misma conducta estatal.[9]

> La realidad exige que la actuación administrativa esté informada por un margen de discrecionalidad que resultará imposible de eliminar, en tanto la ley no puede prever o reglamentar en su totalidad las múltiples, cambiantes y complejas relaciones jurídicas que se producen en la sociedad. Sin embargo, aun en los actos denominados tradicionalmente discrecionales o de pura administración, el control judicial se impone sobre sus elementos reglados, tales como la competencia, la forma, la causa y la finalidad del acto. La revisión judicial de aquellos aspectos normativamente reglados se traduce en un típico control de legitimidad (imperativo para los órganos judiciales), ajenos a los motivos de oportunidad, mérito o conveniencia tenidos en miras a fin de dictar el acto.[10]

Esa conducta reglada, casi totalmente, encargada de viabilizar el tránsito hacia el cumplimiento de la lista de obligaciones que el Estado asumió al incorporar la CIDN a la Constitución, ¿constituye un deber jurídico que implique cumplir con el imperativo constitucional contenido en la Carta Magna?

---

[8] Sesín, Domingo J., Op. Cit., p. 154.
[9] *Ibid.*, p. 158.
[10] *Ibid.*, p. 162.

En ese sentido nos parece apropiado lo dicho por Victoria Roca:

> El deber jurídico tiene también, por otra parte, la peculiar característica de recaer sobre un sujeto que es parcialmente artificial. El sujeto obligado por el deber jurídico no es un individuo humano cuya identidad queda delimitada por su propia personalidad psicológica, sino que es una persona jurídica, es decir, un sujeto social estereotipado y fungible (el padre, el testigo, el comprador, el arrendatario). Consecuentemente, ese deber no puede subordinarse ni a la intencionalidad ni a las peculiaridades individuales de cada sujeto (como ocurre en los deberes impuestos por las normas morales), sino que tiene que configurarse como una obligación genérica y abstracta que se satisface con un cumplimiento meramente exterior y objetivo (Roca, 2002: 471).

Ante todo debemos, de la mano de la filosofía del derecho, determinar cuándo estamos en presencia de un deber jurídico y cuál es el alcance objetivo y subjetivo que el mismo posee. Daremos un rápido repaso de las primeras teorías y posiciones de los autores que nos ayuden a determinar qué es un deber jurídico.

Queremos comenzar la discusión acerca de los deberes jurídicos refiriéndonos a las teorías post-positivistas e ius-positivistas. Dos son los problemas –esenciales– cuya presentación permite introducir:

1) Por un lado, la cuestión acerca de si una ley formalmente válida (es decir, válida según los criterios formales –autoridad competente y procedimiento– de pertenencia del sistema) genera en todo caso un deber ser. La respuesta de los ius-positivistas es afirmativa; la de los post-positivistas es negativa. Para estos últimos, una ley formalmente válida pero extremadamente injusta falla como derecho y no constituye deber ser.

2) Por otro lado, el segundo problema acerca de si para que un deber jurídico sea un deber genuino es preciso que sea previamente un deber moral al margen de la existencia de cualquier sistema jurídico. La respuesta es en ambos casos, y acertadamente, negativa (Roca, 2002).

Creemos observar un fuerte componente moral en el mandato constitucional impuesto y ello hace que el deber jurídico –ya sea desde el punto de vista ius o post-positivistas – sea también un deber moral. Independientemente de que la discusión que hemos analizado no surge de la necesidad de que el deber jurídico sea también un deber moral, creemos que el ser un deber jurídico y moral acentúa aun más la obligación de cumplir el mandato constitucional.

Kant por su parte considera que el Derecho positivo no puede ser mirado como fuente de auténticos deberes. Sostiene que para que un precepto legal posea obligatoriedad, es indispensable que derive de la voluntad del sujeto que ha de cumplirlo y tenga, a la vez, valor universal.

Desde la óptica de este autor, el Congreso y el Poder Ejecutivo han manifestado la voluntad de cumplir el deber, lo han hecho mediante la sanción y promulgación de la reforma de 1994, habilitando el tema para su tratamiento, fijando límites y extensión del tratamiento que debía darse al mismo y determinando claramente la materia sobre la cual debería trabajar la convención constituyente.

Radbruch por su parte, sostiene que el deber moral difiere del jurídico en que el primero no puede ser exigido, en cambio el segundo sí. La obligación moral es deber, pura y simplemente; la jurídica no es sólo deber, sino deuda. Frente al obligado por la norma moral no hay otra persona que pueda exigirle el cumplimiento; frente al obligado por una norma jurídica, en cambio, existe un pretensor. De ahí la correlatividad de las nociones de deber jurídico y derecho subjetivo.

A su modo, la centralidad de la persona desborda al derecho privado y a las tradicionales tutelas de los sujetos que él siempre se reputaron débiles por su incapacidad de hecho, para ingresar al ámbito del derecho constitucional, y reclamar del estado cuantas políticas activas y medidas de acción positiva hagan falta para proteger las debilidades que se emplazan en el mundo socioeconómico (Bidart Campos, 1999: 165).

Seguimos a García Maynez cuando define el deber jurídico como:

La restricción de la libertad exterior de una persona, derivada de la facultad concedida a otra u otras, de exigir de la primera cierta conducta, positiva o negativa.

Continúa diciendo el autor citado que:

El análisis de las conexiones esenciales de índole formal entre deber jurídico y derecho subjetivo revela cómo toda obligación restringe la libertad jurídica del obligado. Cuando un deber jurídico nace a cargo de su sujeto, éste pierde, al mismo tiempo, ya el derecho de omitir lo que se le ordena, ya el de hacer lo que se le prohíbe (García Maynez, 1953: 218).

En virtud de la definición dada y lo dicho sobre los restantes autores de filosofía del derecho que hemos reseñado anteriormente, no podemos menos que concluir que estamos ante la presencia de un deber jurídico que el Estado, desarrollando una conducta casi totalmente reglada, debe cumplir inexorablemente para honrar las obligaciones asumidas con la constitucionalización de la CIDN.

CAPÍTULO 2
LA CIDN Y EL FEDERALISMO ARGENTINO

Argentina

Surge del título de nuestro trabajo la conjunción de dos temas centrales: minoridad y federalismo. Esto es así pues evidentemente además de abordar la cuestión sustancial de los niños, niñas y adolescentes, es necesario conjugar lo que digamos con el sistema federal argentino, analizando las relaciones posibles e indispensables que deben darse entre Nación, provincias y municipios.

Lo primero será un análisis normativo que incluya la Convención Internacional de los Derechos del Niño, la Constitución Nacional, la Constitución Provincial, las leyes nacionales y provinciales que se dictaron en consecuencia.

Respecto de la primera de las fuentes citadas (CIDN) debemos destacar aquí el Artículo 2 apartado 1, cuando dice que:

> Los Estados Partes en la presente Convención respetarán los derechos enunciados en esta Convención y asegurarán su aplicación a cada niño sujeto a su jurisdicción, sin distinción alguna, independientemente de la raza, el color, el sexo, el idioma, la religión, la opinión política o de otra índole, el origen nacional, étnico o social, la posición económica, los impedimentos físicos, el nacimiento o cualquier otra condición del niño, de sus padres o de sus tutores.

Del párrafo citado de la CIDN tienen especial importancia, para este análisis preliminar, dos vocablos, nos

referimos a "asegurarán" y "jurisdicción". El contenido
y extensión de la expresión "asegurar la aplicación de la
convención" tiene una serie de implicancias jurídicas,
políticas, económicas y sociales; si ello lo conjugamos
con el término "jurisdicción" nos encontramos con una
cuestión de vital importancia para nuestro trabajo.

Es que para el aseguramiento del cumplimiento de
una convención internacional se necesita del diseño de
políticas públicas, la instrumentación de esas acciones
públicas en leyes y, como lógico correlato, la ejecución
de las leyes dictadas; para todo ello se requiere que las
relaciones de coordinación, cooperación y colaboración –propias de todo sistema federal– se desarrollen
adecuadamente, y esencialmente esas relaciones deben
estar dotadas de los recursos públicos necesarios para
financiar la acción pública.

En cuanto a la expresión "jurisdicción" es necesario
advertir –aunque surge claramente del texto transcripto–
que si bien denota lógicamente una idea de territoriali-
dad, ese aspecto es potenciado por la consagración en
el mismo párrafo citado de la proyección de la igualdad
formal que determina el mismo estándar de protección
"sin distinción alguna". Esta referencia asume significación ante la movilidad de las personas entre los distintos
países; en tanto y en cuanto el Estado haya adherido
a la CIDN deberá garantizar el cumplimiento de sus
postulados independientemente de la nacionalidad.

> CIDN. Artículo 2.2. Los estados Partes tomarán todas las
> medidas apropiadas para asegurar que el niño sea protegido
> contra toda forma de discriminación o castigo por causa de
> la condición, las actividades, las opiniones expresadas o las
> creencias de sus padres, de sus tutores o de sus familiares.

El diseño de las políticas públicas nos coloca, desde la perspectiva del sistema federal, en la cuestión de reparto de competencias, servicios y funciones. Debemos partir de la premisa de que quien ratifica la CIDN -en el caso de la República Argentina- es el Estado Nacional y su texto fue incorporado como Ley Privilegiada de la Nación por medio del Artículo 75 Inc. 22 de la C.N. Lo dicho debe conjugarse con el hecho de que en el sistema argentino de distribución de competencias, receptado por la Constitución Nacional histórica de 1853 y su reforma más reciente de 1994, se edificó en base a la reserva y delegación de competencias, pudiendo enunciarse el principio general que toda competencia no delegada ha sido reservada por el nivel provincial.

Ahora bien: las añoradas relaciones imprescindibles para el sistema federal (coordinación, colaboración y cooperación) en lo que atañe a la instrumentación legislativa de las políticas públicas, ha originado en Argentina un problema endémico, que se materializa en la multiplicidad de leyes sobre la misma materia, agravándose el problema si tenemos en cuenta que esa multiplicidad legislativa implica el legislar sobre materias ajenas a la competencia del nivel estatal que las dicta, lo que trae como consecuencia una inconveniente e inconstitucional superposición normativa.

Creemos que la Ley Nacional 26.061, la Ley Provincial 12.967 y, en algunos casos la puesta en vigencia de ordenanzas municipales sobre la materia, confirman la superposición a la que hicimos referencia.

CIDN. Artículo 4. Los Estados partes adoptarán todas las medidas administrativas, legislativas y de otra índole apropiadas para dar efectividad a los derechos reconocidos en la presente Convención. En lo que respecta a los derechos económicos, sociales y culturales, los Estados Partes adoptarán esas medidas de conformidad con los recursos de que dispongan y, cuando sea necesario, dentro del marco de cooperación internacional.

Esta prolífica e inadecuada producción legislativa contribuye aun más con el desorden competencial que entre los distintos niveles estatales del sistema federal se viene profundizando en nuestro país desde hace muchos años; debiendo diferenciarse por un lado la configuración formal del sistema, dado especialmente por la Constitución Nacional y las constituciones de provincia y, por el otro, la no correspondencia del sistema consagrado con que lo que sucede en la realidad, donde a pesar de la pertenencia constitucional de la competencia la misma es "asumida de hecho" por otro nivel estatal.

Esa asunción de hecho a la que hicimos referencia se puede dar en forma ascendente o descendente, dentro de la estructura federal de gobierno, pudiendo registrarse tanto el abandono de una o varias competencias en el o los niveles estatales inferiores, como también la apropiación de una competencia por parte del nivel superior. A simple vista, esta movilidad competencial nada tiene de raro y podría identificarse como un hecho más de la dinámica federal, pero ocurre que la movilidad competencial se realiza manu militari.

Luego de lo dicho hasta aquí, no resultará extraño escuchar que las relaciones típicas del sistema federal son de difícil concreción en nuestro país, por lo menos con la extensión y contenido que el derecho nacional y comparado les otorga y ello conspira, no sólo con la satisfacción de la competencia, sino lo que es mucho peor con identificación y mensura de la necesidad.

Se generan ámbitos de discusión y de debate, pero a nuestro criterio estos espacios no cumplen con los requisitos mínimos que el desarrollo de las relaciones de coordinación, cooperación y colaboración necesitan, estando generalmente dominados por cuestiones no relacionadas con la solución del problema. La "jerarquía"

(Nación sobre Provincias y Provincias sobre Municipios) predomina por sobre la "razón" en la solución del problema; la "posesión" de los recursos importa una consolidación o, mejor dicho, una pseudo-jerarquía que termina vulnerando el programa constitucional, entre ambas determinan una subordinación implícita, que aniquila el federalismo y contradice la Constitución.

Podría enunciarse de la siguiente manera:

> El ámbito de discusión para coordinar, cooperar y colaborar se encuentra abierto, PERO al ser yo (Estado Nacional) el poseedor de los recursos, la coordinación, cooperación y colaboración será la que yo digo que sea.

El desarrollo efectuado en estas líneas es aplicada a cualquier competencia que deba satisfacerse en la Argentina y no escapa a lo dicho: "el aseguramiento del cumplimiento de la CIDN a los niños, niñas y adolescentes de la jurisdicción de la República Argentina".

Veamos brevemente qué ocurre en el derecho comparado con el fenómeno competencial.

De la mano de la obra de la licenciada en Derecho Eva Sáenz Royo titulada Estado Social y Descentralización Política[11] que aborda el fenómeno que estudiamos, analizaremos la cuestión competencial en Estados Unidos, Alemania y España.

---

[11]   Originariamente el modelo de Estado Social se corresponde con estructuras territoriales simples donde existe un único centro intervencionista desde el que se controlan los ingresos públicos y se deciden las líneas de actuación programáticas sobre todo el territorio del Estado. Si a esto le sumamos el hecho de que históricamente el federalismo es un resultado del pensamiento liberal, no resulta difícil de comprender que la incorporación del objetivo social en estructuras descentralizadas encontrara inicialmente algunas dificultades (Sáenz Royo, 2003: 35).

EE.UU.

Estados Unidos posee una larga historia de cooperación entre el gobierno nacional y los estados. Esta
repetición en el tiempo ha dado lugar a una categoría
especial de federalismo: el cooperativo.

> Este tipo de ayudas que funcionan como mecanismos de
> colaboración de base financiera tienen en verdad poco
> encaje en un concepto puro de "federalismo dual" carac-
> terizado porque los niveles de gobierno están separados,
> independientes y enfrentados. Esto explica que autores
> como Grodzins y su discípulo Elazar consideren que el
> federalismo estadounidense siempre ha sido de tipo coope-
> rativo, dadas las manifestaciones de colaboración ofrecidas
> por la federación y los Estados desde su nacimiento (Sáenz
> Royo, 2003: 41).

En distintos momentos del siglo XIX y XX han apa-
recido desde los land-grants (subvención de tierra)
pasando por los cash-grants (subvención en efectivo)
y distintas alternativas tendientes a que el gobierno
nacional ayude a mitigar problemas sociales que aten-
taban contra la constitucional welfare clause[12] (cláusula
de bienestar). La mencionada cláusula recibió distintas
interpretaciones, entre ellas (y en una apretada síntesis)
la posibilidad o no de que el gobierno nacional o central
mediante aportaciones económicas se ocupe de gastos
del ámbito social en cuestiones cuya competencia era
exclusiva de los estados miembros.

La Corte de Estados Unidos ha realizado una extensa
y dilatada labor jurisprudencial sobre la welfare clause.

---

[12]   Sintetiza la meta constitucional de la expresión "proveer al
bienestar general" de la Constitución de EE.UU. de 1787.

En este sentido la tendencia se inició con el rechazo de la aportación económica basado en la cláusula en el caso "Com. of Massachusetts v. Mellon" (Tomo 262, Corte EU, pág. 447, 1923). Luego la misma Corte admite el poder del Congreso de autorizar el gasto de fondos públicos para atender a otras finalidades distintas de las comprendidas en la relación de competencias constitucionales del gobierno nacional (EE.UU. v. Butler, Tomo 297, Corte EU, pág. 1, 1936). En el caso Helvering v. Davis, (Tomo 301, Corte EU, pág. 619, 1937) la Corte justificó las competencias ejercidas por la Federación por perseguir el 'bienestar general'. El caso Chas. C. Steward Machine Co. v. Davis (Tomo 301, de la Corte EU, pág. 495) inicia una familia de fallos en que se aceptaba el consentimiento voluntario como causal de la eliminación de la tacha de inconstitucionalidad (Carmichael v. Southern Coal & Coke Co., Pennhurst State School v. Halderman; Stearns v. Minnesotta).

Luego, en otro fallo, la Corte de Estados Unidos estableció un nuevo requisito que consiste en que si se da una coacción para la aceptación de la condición por el Estado, no cabe hablar de consentimiento y por tanto hay invasión competencial (South Dakota v. Dole -483,EU, 203,1987; Bell v. New Jersey, 461, EU, 773, 1983).

> Es esta interpretación extensa del spending power (poder del gasto) y, en definitiva, de la general welfare clause, la que permite legitimar toda la intervención federal que progresivamente se ha ido desarrollando en el ámbito del bienestar social, evitando con ello una adaptación del sistema federal americano al Estado social mediante enmiendas a la Constitución que posiblemente hubiese producido una redistribución competencial aun más radical (Sáenz Royo, 2003: 73).

En el período de posguerra (1945-1960) la expansión de los grants-in-aid (subvención de ayuda) afectó especialmente a la sanidad y a la asistencia social. En este período la ayuda a la educación fue relativamente pequeña. En la década del 60 el gasto federal se ejercita no tanto por razones de política económica como por motivaciones de carácter social. Ésta fue una fase llena de tensiones y rivalidades. Nixon y Ford encabezan el new federalism, el cual intentó aumentar los fondos de libres disponibilidad para que sean los propios estados los que diseñen sus políticas en las materias donde su competencia era exclusiva, entre las que se encuentran las propias del bienestar social.

El gobierno de Carter (1977-1981) incrementó los programas federales tendientes al bienestar social, no solamente para los Estados, sino también para otras subdivisiones administrativas. Fue así como incrementó en un 30% el presupuesto para asistencia social alimentaria. Este período se caracterizó por una mayor capacidad de decisión en la puesta en práctica de programas federales subvencionados y menor cantidad de recursos.

La dependencia de los Estados respecto de la Federación ha tratado de ser evitada, mediante la llamada compact clause o regiones económicas.

> Precisamente a la necesidad de abandonar los cánones del laissez faire y de planificar las intervenciones del poder público, se comienza a tomar interés por la aplicación de la compact clause (art. I, Sección 10) que regula el fenómeno jurídico de la cooperación entre las unidades constitutivas del ordenamiento federal (Sáenz Royo, 2003: 94).

En este sentido, las diversas fórmulas de cooperación entre Estado y Federación han sido lo más efectivo. Esto se vio sobre todo con el gran número de instituciones que se crearon luego de la Segunda Guerra Mundial en EE.UU., la gran mayoría de carácter consultivo.

Sus funciones se extienden al asesoramiento y coordinación de cuantos sectores sean de interés común, destacando entre ellas la elaboración de proyectos-modelo legislativos para los Estados, la participación en la iniciativa legislativa de la Unión a través de la comparecencia de sus miembros en los hearings del Senado y la casa de representantes, y la elaboración de informes y preparación de programas, especialmente en relación con los grants-in-aid (Sáenz Royo, 2003: 96).

Alemania

Hasta la Primera Guerra Mundial los municipios fueron los protagonistas en materia de asistencia, limitándose el Reich y los Länder a concederles ayudas financieras, aunque los municipios contaban con financiación propia. Luego, durante la República de Weimar, se consideró necesario que el centro tuviera posición preponderante en el ámbito del bienestar social. Las razones fueron la crisis de posguerra, la inflación y la economía mundial. La Constitución de Weimar inició el camino al reconocimiento de derechos sociales y económicos en donde el poder central vio aumentar considerablemente sus competencias en el ámbito del bienestar.

La Constitución de 1949 introdujo la fórmula de un Estado Federal Social. Con esta nueva carta fundamental no sólo la Federación -Bund- sino también los Estados miembros -Länder- estaban obligados por ese fin social. En lo referente a la distribución competencial se limitaron las competencias legislativas de los Estados. Esta cláusula fue considerada aceptable bajo condición de que los mismos pudieran contribuir a la formación de la decisión federal por medio de un fuerte Consejo Federal (Bundesrat).

Básicamente se pretendía alcanzar dos objetivos: por una parte el deseo de no impedir, por la división de competencias, una política social lo más eficiente posible; por otra parte, no degradar a los Länder a órganos puramente ejecutivos.

Desde su versión original de 1949 y en todas sus reformas, la Federación se aseguró el haz de competencias legislativas que le aseguraban la política social. La Constitución le otorgaba competencias perfectas (entendida como exclusivas, que se desplazan de los Länder y son atraídas por el Bund) sobre la casi totalidad de materias relevantes a los efectos de la asistencia social. Es destacable que esta competencia sólo sería utilizable cuando el Bund tuviera necesidad de regulación.

Las constituciones de los Länder contenían disposiciones destinadas a querer ser un Estado social. Por distintas circunstancias esas promesas constitucionales nunca se llegaron a plasmar. Las constituciones posteriores a 1949 renunciaron (por completo o parcialmente) a incluir cláusulas que le atribuyeran competencias en derechos sociales en su articulado.

> Para conocer la capacidad de decisión política que tienen los Länder en el ámbito de los derechos sociales prestacionales hay que analizar también las competencias ejecutivas y administrativas. No hay que olvidar que la función de ejecución de las leyes federales gana en importancia en una sociedad moderna ya que la pluralidad y la individualidad de las formas de vida hacen más necesario adaptar las normas centrales a las condiciones territoriales y a las exigencias de los destinatarios (Sáenz Royo, 2003: 123).

Los Länder ejercerían funciones en asuntos de prestaciones sociales, en los casos en que la ley federal nada estableciera y en caso de que el Bund derogara una ley que le atribuyera competencia en temas sociales y no dictara otra en su lugar. Es muy interesante, en el mismo sentido, también la figura denominada "administración de prestación".

> La llamada "administración de prestación" son prestaciones voluntarias, no previstas en una ley, sino en reglamentos administrativos o en las llamadas líneas directivas. Son medidas de la administración para repartir fondos asignados por el Parlamento, que no crean derechos y se conceden bajo reserva de medios. Estas medidas les proporcionan a los Länder un campo de acción clave para desarrollar una política social propia, al menos en los buenos tiempos presupuestarios (Sáenz Royo, 2003: 125).

En el ámbito de la seguridad social se implementó la figura de la subvención federal por la cual se lograba una intervención financiera sobre competencias exclusivas de los Länder, logrando así una administración mixta. Este tipo de intervención se fue extendiendo, centralizando algunas prestaciones sociales que pertenecían a los estados en forma exclusiva.

La reforma de 1969, mediante el principio de conexión entre el gasto y tareas, excluye la posibilidad de que el Bund dirija gastos a competencias ajenas. La carga financiera se repartió entre la federación y los estados. Generalmente el gasto es ejecutado por los Länder.

El canciller Helmut Kohl apeló a la reelaboración del federalismo y, como consecuencia de esta estrategia, el gobierno federal practicó una autorestricción legislativa en la intervención en el gasto social en un claro contraste con la tendencia precedente.

Luego de la reunificación alemana se pasó de un federalismo cooperativo a un federalismo competitivo en el
cual los Länder, en lugar de consentir tranquilamente la
intromisión federal en sus competencias exclusivas, optaron
por denunciar tal intervención y expresar deseos de mayor
descentralización y fortalecer su autonomía política. Con
la reunificación se realizó una nueva partición federal para
evitar que ante la debilidad financiera de algunos Länder el
Bund intentara con su poder económico intervenir en ellos.
Se nombró territorios no capaces de sobrevivir a Bremen
y Mecklenburg-Vorpommern. Esta opción está prevista
constitucionalmente y permite que Alemania se convierta
en un federalismo basado en regiones económicas "que
por su extensión y capacidad económica puedan cumplir
eficazmente las tareas que le incumben".

A partir de 1991 comenzó un debate en el que la
opinión pública también participó. Las negociaciones
tuvieron lugar en claro clima a favor del federalismo y
la comunidad apoyó este favoritismo. Dentro del apoyo
al federalismo que representan los Länder se planteó
la división entre los del Este y el Oeste atendiendo al
criterio de condiciones de vida equivalentes en lugar de
uniformidad de condiciones de vida. Esta posición no
fue bien vista por el Bund y en la consagración legislativa
no se vislumbraron los cambios planteados en el debate.
La norma que se incorporó:

> En este campo, la Federación tendrá la legislación en la me-
> dida en que la creación de condiciones de vida equivalentes
> en el territorio federal o la preservación de la unidad legal y
> económica necesite, en interés del Estado en su conjunto,
> una regulación federal.

El principal obstáculo que los Länder poseen para fortalecer sus competencias legislativas y ejecutivas en el ámbito social es de índole financiera. Ante la supremacía financiera del centro se suma las carencias económicas de los nuevos estados para hacer frente a las exigencias del bienestar social. La lucha de los Länder ha sido prácticamente infructuosa puesto que la intervención financiera federal ha crecido a raíz de la incorporación de nuevos Länder que carecían de estructuras eficaces para la ejecución de las competencias que tenían asignadas.

España

En su primera etapa, la asistencia social respondió a un concepto moral más que jurídico y recién a partir de 1812 recibió tratamiento legislativo desembocando en el primer antecedente: la Ley de Beneficencia de 1822. La constitución de 1931 reconoce en su articulado lo que la doctrina alemana llama "procura existencial" al mismo tiempo que el Estado integral se presenta como fórmula para superar el Estado Unitario y Estado Federal. La constitución de 1978 elabora en su Artículo 1 el concepto de Estado Social y construye en el título VIII el llamado estado autonómico.[13]

Existe a lo largo de los debates constituyentes un acuerdo general de constituir las políticas sociales prestacionales

---

[13]   Artículo 1: 1. España se constituye en un Estado social y democrático de Derecho, que propugna como valores superiores de su ordenamiento jurídico la libertad, la justicia, la igualdad y el pluralismo político. 2. La soberanía nacional reside en el pueblo español, del que emanan los poderes del Estado. 3. La forma política del Estado español es la Monarquía parlamentaria.

como competencias compartidas entre el Estado y los Territorios Autónomos. La discusión se centrará básicamente en la medida de esta compartición (Sáenz Royo, 2003: 180).

Atendiendo al criterio expresado en la cita anterior, en materia competencial, el Estado central y los autonómicos complementan su actividad con reglas de coordinación claras y receptadas inclusive por el Tribunal Constitucional.

Las competencias así definidas reclaman que para la íntegra regulación de una cierta materia se complementen el legislador estatal y el autonómico, gozando cada uno de ellos de exclusividad en su propio ámbito (STC, 71/1983,FJ 2), de manera que ni las Comunidades Autónomas pueden contravenir la "regulación normativa uniforme y de vigencia en toda la Nación" en las que consisten las bases, ni a éstas les está permitido adquirir "tal grado de desarrollo que deje vacía de contenido la correlativa competencia de la comunidad" (STC, 1/1982, FJ 1), pues las bases estatales deben permitir "opciones diversas, ya que la potestad normativa de las Comunidades Autónomas no es, en estos supuestos, de carácter reglamentario (STC, 32/1981, FJ 5)" (Sáenz Royo, 2003: 184).

Con respecto a las "bases", "legislación básica" y "normas básicas", existen dos conceptos: el formal y el material. El primero de ellos indica que éstas son principios que no son inmediatamente aplicables ni íntegramente ordenadores; además necesitan una declaración expresa que la tenga como base. Con respecto al concepto material, éste considera el contenido competencial determinable por naturaleza sin existir apreciación política. El Tribunal Constitucional inició una tendencia en apoyatura de la concepción material y luego fue compensando esta posición con la exigencia del elemento formal.

En primer lugar, Tomás Ramón Fernández sostiene, en esencia, que la coordinación confiere al Estado central un poder sustantivo de dirección, que le habilita para "definir e imponer el marco de la política sectorial" en aquel sector o materia en el que goza de facultad, pudiendo a tal efecto "impartir directrices y criterios de actuación de obligado cumplimiento", mientras que las Comunidades Autónomas que se encontrarían en una posición de subordinación, les correspondería "adaptar esa política general a las peculiares características de tal territorio" (Sáenz Royo, 2003: 191).

El Tribunal Constitucional ha abordado el tema de las competencias, diciendo en la sentencia 32/1983 del 28 de abril que:

La coordinación general debe ser entendida como la fijación de medios y de sistemas de relación que hagan posible la información recíproca, la homogeneidad técnica en determinados aspectos y la acción conjunta de las autoridades estatales y las comunidades en el ejercicio de sus respectivas competencias, de tal modo que se logre la integración de actos parciales en la globalidad del sistema.

Los Estatutos Autonómicos receptan el Estado Social en forma de objetivos estatutarios, cláusulas programáticas o directivas. Mediante éste se especifican los propósitos constitucionales y el Estatuto Autonómico lo adapta a su experiencia histórica y realidad social, estableciendo un nivel intermedio entre la generalidad de las normas constitucionales de este tipo y la concreción de un programa de gobierno.

Por otra parte, la fuerza del mimetismo entre una y otras y el carácter uniformador de la jurisprudencia del Tribunal Constitucional han llevado a una sustancial igualdad estatutaria entre todas las Comunidades Autónomas en lo que hace a sus competencias en políticas sociales prestacionales (Sáenz Royo, 2003: 203).

En materia de competencias educativas y de sanidad, el Estado central ha realizado una interpretación amplia de lo que se entiende como básico. La jurisprudencia ha justificado, y si se quiere ha exigido, que las políticas de salud tengan un sistema único y global. La atribución competencial ha sido hacia las Comunidades Autónomas. Pero en determinadas circunstancias en que no se admiten las comparticiones puesto que supone graves riesgos de ineficacia para logro de los objetivos (trasplantes de órganos, tratamiento del SIDA, etc.) se los ha reservado el Estado central.

Algo parecido ocurre con la competencia educativa, haciéndose uso de un amplio margen de apreciación política para exceptuar algunos ámbitos del desarrollo normativo autonómico. La materia en la que las Comunidades Autónomas están más limitadas es el área universitaria.

Al igual que con la salud y la educación, el Estado central mediante subvenciones ha concedido ayudas en el ámbito de la asistencia social. El Tribunal Constitucional se ha expresado sobre este tema diciendo:

> Pero en materia compleja, como la acción y protección social, tan central además en un Estado social (a la vista de los principios rectores de política social incluidos en el Capítulo Tercero del Título I de la Constitución), las competencias exclusivas no pueden entenderse en un sentido estricto de exclusión de actuación en el campo de lo social de las Comunidades Autónomas, ni de otros entes públicos [...], ni tampoco por parte del Estado, respecto de aquellos problemas específicos que requieran para su adecuado estudio y tratamiento un ámbito más amplio que el de la Comunidad Autónoma y que presupongan en su concepción, e incluso en su gestión, un ámbito supracomunitario que puede corresponder al Estado (STC, 146/1986, FJ 5).

Tanto en España como en EE.UU. y Alemania, se ha generado un debate -resuelto de distintas formas- sobre el poder de gasto. El debate consistió en qué carácter atribuirle a tal poder.

> Es un título de intervención general que se ejerce al margen de las competencias constitucionalmente atribuidas al centro (solución adoptada en EE.UU. e inicialmente en Alemania), o bien se trata de un tipo de actuación que corresponde ejercer a los entes que desempeñen competencias administrativas salvo los supuestos excepcionados constitucionalmente (solución adoptada por Alemania tras la reforma de 1969 que constitucionaliza la práctica anterior y la somete a límites) o simplemente se trata, como defendiera Madison en EE.UU., de una atribución instrumental para el ejercicio de las competencias previstas en la Constitución, lo que supone una suficiencia de competencias constitucionalmente atribuidas al Estado para desarrollar políticas prestacionales (Sáenz Royo, 2003: 256).

El Tribunal Constitucional ha elaborado una doctrina general que, salvo excepciones, se caracteriza por los siguientes fundamentos:

1) El Estado Central puede financiar ámbitos competenciales ajenos (TSC, 13/92, FJ 7);

2) Esa financiación no conlleva un control sobre la programación y la ejecución del aporte (STC, 13/92, FJ 7);

3) La distribución de fondos necesita un convenio entre la Comunidad Autónoma y la Administración Central del Estado (STC, 96/1986, FJ 3);

4) Cuando el Estado central posee la competencia atribuida sobre la legislación de la materia y la Comunidad Autónoma posee la competencia ejecutiva, el Estado puede extenderse en su regulación de detalle respecto del destino, condiciones y tramitación de la

ayuda dejando la potestad de la Comunidad Autónoma
de autoorganización de los servicios (STC, 13/1992, FJ 8).

> Cabello Espiérrez, dice que es cierto que puede resultar
> paradójico que el legislador estatal pueda decidir algo sobre
> el "cómo", pero que tal previsión quede en un limbo jurídico
> para los ciudadanos de las Comunidades Autónomas que
> no hayan decidido el "cuándo", mas sólo a éstas corresponde
> disponer sobre ello, empezar a llevar a cabo esa prestación
> (Sáenz Royo, 2003: 266).

Podemos concluir que tanto en España como en
los paradigmáticos referentes federalistas –EE.UU. y
Alemania– el Estado central tenga o no competencias
atribuidas expresamente que lo autoricen a intervenir
en materia de asistencia o protección social, salud, educación, etc., utilizan el "poder del gasto" para intervenir
en las competencias de las Comunidades Autónomas, de
los Estados Miembros y de los Länder. Los fundamentos
o justificativos han sido los más variados y han sido
reseñados en este trabajo, pero independientemente
de la atribución competencial que posea cada país, la
intromisión del Estado Central es inevitable y hasta en
algunos casos, cuando cuestiones de coordinación y
cooperación –tanto vertical u horizontal– lo requieren,
creemos que es imprescindible.

> En tal sentido, hay un cierto grado de consenso en que las
> grandes políticas de redistribución de la renta tienen una
> mayor eficacia cuando se llevan a cabo a escala del país o,
> dicho en otros términos, si son competencia del gobierno
> central y que, por el contrario, llevaría a situaciones insoste-
> nibles si se pretenden realizar en el marco de la Comunidad
> Autónoma o mucho más si lo pretenden los propios entes
> locales (Bustos Gisbert, 2003: 318).

La fijación de políticas desde el gobierno central impide de alguna manera la que Tiebout denominó "votación con los pies" y también el free rinder.[14]

Una de las disposiciones que mejor impacto nos ha causado es la creación de la Comisión Mixta de Transferencias de la Comunidad Autónoma de Aragón contenida en el Artículo 26.2 de la Ley 23/2001:

> La comisión es un órgano de colaboración entre ambas administraciones y tiene la finalidad de preparar las transferencias de funciones y servicios correspondientes a las competencias que posea cada comarca, incluyendo en su caso, los traspasos de medios personales y materiales. Igualmente, en el seno de la Comisión constatará, también, la coincidencia de fines entre las mancomunidades municipales existentes y las competencias de las comarcas a los efectos de la aplicación de lo previsto en el Título III de esta ley.

La legislación que estamos analizando brinda en su propio texto lo que podríamos denominar un sintético manual práctico de medición de competencias transferidas. Precisamente el Artículo 29 de la Ley 23/2001 establece el contenido de los decretos de transferencia de funciones y servicios de la siguiente forma:

> Los Decretos del Gobierno de Aragón de transferencia de funciones y servicios en las materias de competencia de las comarcas, según lo regulado en esta Ley, podrán referirse al conjunto de competencias de varias Comarcas o dictarse para cada una de ellas en función del desarrollo de los procesos

---

[14] En España este fenómeno se conoce como "gorrón", que literalmente y "traducido" en "argentino" significa "vivir pasando la gorra". La relación con el tema tratado es que intencionalmente un sector de los individuos no contribuyen con los servicios públicos a los que acceden y se niega a contribuir a su financiación.

de negociación correspondientes. En todo caso, contendrán
las siguientes determinaciones: Referencia a las funciones
que pasan a la comarca correspondiente. Referencia a las
normas constitucionales, del Estatuto de Autonomía, de la
legislación de comarcalización y de la legislación sectorial
aplicable que justifiquen la transferencia. Fecha efectiva de
traspaso de las funciones. Designación de los órganos que,
en su caso, se traspasen. Relaciones nominales del personal
que, en su caso, se transfiera, con expresión de su número de
registro de personal y, además, en el caso de los funcionarios,
de su puesto de trabajo, situación administrativa y régimen
de retribuciones; en el caso del personal contratado, de su
categoría, puesto de trabajo y régimen de retribuciones. Va-
loración del coste de los servicios transferidos y de las tasas
y precios públicos afectos, así como de las modificaciones
que, en su caso, deban operar en los Presupuestos Generales de la Comunidad Autónoma. En el caso de que existan
actuaciones relativas a esos servicios y que estén dotadas
con fondos procedentes de otra Administración pública o
de la Unión Europea, se hará constar expresamente con
referencia al porcentaje o cifra total de la cofinanciación.
Inventario detallado de los bienes, derechos y obligaciones
de la Administración de la Comunidad Autónoma de Aragón
que se transfieren. Inventario de la documentación administrativa relativa a la transferencia de las funciones y servicios
correspondientes. Determinación de las concesiones y los
contratos administrativos afectados por la transferencia,
produciéndose la subrogación en los derechos y deberes de
la Administración de la Comunidad Autónoma de Aragón
por la comarca correspondiente. Relación pormenorizada
de los procedimientos administrativos asociados a cada
función transferida, con indicación expresa de la normativa
reguladora de cada procedimiento.

El Artículo 30.2 de la precitada ley complementa
acertadamente la disposición legal transcripta exhi-
biendo un notable respeto a las autonomías de los entes
locales:

No obstante lo indicado en el apartado anterior, el Gobierno podrá fijar los plazos para la negociación y entrega de las funciones y servicios relativos a las competencias indicadas en función de los ritmos de creación de las Administraciones Comarcales y de las circunstancias que, en función de los intereses generales, puedan hacer aconsejable para determinadas competencias unas fases distintas. De las decisiones que se adopten sobre lo regulado en este artículo se dará cumplida información a las Cortes de Aragón.

¿Son tan extraños a nosotros estos procedimientos? La respuesta es, evidentemente, negativa: la forma de actuar de la administración pública y la interrelación entre los distintos niveles es materia de largo tratamiento en nuestro derecho, formando parte en los programas de grado de cualquier carrera de abogacía. Veamos brevemente, siguiendo a Miguel S. Marienhoff y a su tratado de Derecho Administrativo, cómo trata simple y sencillamente el tema.

No toda actividad de la administración es de igual naturaleza, ni se expresa o traduce en igual forma. Ello da lugar a diversos tipos de administración, que permiten clasificar a ésta en mérito a la naturaleza de la función ejercida o en mérito a la estructura del respectivo órgano.

Las clasificaciones fundamentales son dos:
- En razón de la naturaleza de la función
- En razón de la estructura del órgano
También deben estudiarse las relaciones:
- Interorgánicas
- Interadministrativas

En razón de la naturaleza de la función:

a.1. Activa y Jurisdiccional:

a.1.1. La Administración (administración) Activa es la que decide y ejecuta, aquella cuya actividad es acción y obra. No importa que el órgano sea unipersonal o colectivo. Ésta es la administración propiamente dicha: posee el carácter de permanente y sus decisiones son típicos actos administrativos.

a.1.2. La Administración Jurisdiccional es la que decide (reclamos, recursos, etc.) promovida por los administrados. La CSJN ha dicho que el ejercicio de este tipo de administración implica ejercer facultades judiciales y sustraer a los jueces, por medio de las leyes, determinados asuntos. García Trevijano Fos dice que:

> La jurisdicción puede ejercitarse tanto por la administración como por el poder judicial, entendiendo por jurisdicción la potestad de componer los intereses contrapuestos. La administración tiene una potestad jurisdiccional que se manifiesta fundamentalmente a través de la resolución de recursos. La administración utiliza el mecanismo del procedimiento. Debe distinguirse entre función judicial y jurisdiccional, la primera la ejercen solamente lo jueces, en tanto que la segunda puede ser ejercida por la administración.

La Actividad Jurisdiccional de la administración tiene una gran proyección como garantía procesal para los administrados. Según la CSJN la actividad jurisdiccional de la administración se caracteriza porque en ella los funcionarios u órganos administrativos obran como jueces.

a.2. Interna y Externa:

a.2.1. La Administración Interna es la actividad que el órgano administrador realiza para su propia organización y en cuya labor no entra en relación con terceros. Son medidas o normas que la administración se da a sí misma. Es por ello una actividad no jurídica. Corresponde a esta actividad expresar la voluntad de la administración por medio del "acto de administración". Este tipo de actividad tiene por objeto lograr el mejor funcionamiento de la administración pública. El fundamento es el poder de autoorganización que se traduce en poder deber de llevar adelante una actividad administrativa de acuerdo a los principios de una buena administración.

a.2.2. La Administración Externa: trasunta la actividad que el órgano administrador desarrolla en su vinculación con terceros; trátese de una actividad jurídica. Corresponde a esta actividad expresar la voluntad de la administración por medio del "acto administrativo". Este tipo de actividad tiene por objeto la satisfacción de los intereses públicos, cuya gestión le corresponde a la administración. El fundamento es la ley: en un Estado de Derecho todo acto de Administración Externa debe fundarse en una norma jurídica.

a.3. Consultiva: es una actividad preparatoria de la administración activa. Es una función de colaboración y generalmente está vinculada a estos tipos de actividades. La Actividad Consultiva se justifica por el carácter técnico que revisten ciertas decisiones administrativas. Esta función tiende a lograr mayor acierto en la decisión. Los órganos consultivos suelen ser colectivos (consejos, juntas, comisiones, etc.), aunque los hay unipersonales. Los órganos que ejercen la actividad consultiva pueden ser permanentes o sólo transitorios e incluso ad hoc.

a.4. Reglada y Discrecional: toda actividad de la administración es sublegal. Tal afirmación, que el estado de derecho tiene carácter de principio esencial, puede hallar satisfacción en "grados" diferentes, dando lugar a dos tipos de administración:

a.4.1. Reglada o Vinculada: en ejercicio de esta actividad la administración aparece estrechamente vinculada a la ley, que al respecto contiene reglas que deben ser observadas. En la actividad Reglada la administración actúa de acuerdo a normas jurídicas es decir de acuerdo a normas legislativas.

a.4.2. Discrecional: en ejercicio de la actividad discrecional la administración tiene mayor libertad. Su conducta no está determinada por normas legales, sino por la finalidad legal a cumplir. La Actividad Discrecional se ejerce en virtud de normas o criterios no jurídicos, no legislativos constituidos por datos que en la especie concreta se vinculan a exigencias de la técnica o de la política y representan el mérito la oportunidad o la conveniencia del respectivo acto; al emitir éste la administración debe acomodar su conducta a dichos datos, valorándolos: de ahí lo discrecional de su actividad.

De todas formas la Actividad Discrecional no es enteramente libre ya que siempre debe ser una discrecionalidad infra legem que obliga al órgano administrativo a respetar la finalidad de la ley. Así también, en ejercicio de su actividad reglada o vinculada, la administración no se convierte en ciega ejecutora de la ley, sino que siempre hay un proceso intelectivo realizado por el órgano público para ubicar y realizar en la vida social las condiciones impuestas por la norma jurídica.

No existe diferencia sustancial entre el producto de la Actividad Reglada y la Discrecional. Los contenidos de ambos actos administrativos son idénticos sustancialmente hablando. La diferencia se da en cuanto a la obligación o facultad para emitir el acto; una vez emitidos los actos administrativos producto de la Actividad Reglada o Discrecional, éstos poseen idéntica sustancia.

Según sea la actividad Reglada o Discrecional, hay una forma diferente de actuar por parte de la administración, pero siempre del ámbito legal. Por ello se ha dicho que la clasificación que estudiamos es la clasificación de los modos de ejecutarse la ley.

Actividad interorgánica e interadministrativa:

Las Relaciones Inter Administrativas (RIA) se producen entre sujetos de derecho, mientras que las Relaciones Inter Orgánicas (RIO) se traban entre organismos o reparticiones administrativas de una misma persona pública estatal. La diferencia fundamental es que los actos en que se concretan las RIA corresponden a la actividad externa de la administración (es actividad jurídica y por ende emite actos administrativo), en tanto que las RIO corresponden a la actividad interna de la administración y la naturaleza no es tan sencilla.

En cada órgano existen determinados entes que poseen deberes y poderes que limitan su actividad. En ejercicio de esas funciones, surgen las RIO y los diversos órganos establecen vínculos de diverso contenido entre sí, que pueden ser cooperación y aun de colisión. Para la mayor parte de las doctrinas, a las RIO corresponde la actividad interna de la administración, por ello no es actividad jurídica y por ende emite actos de administración. Marienhoff está en contra de esto, sosteniendo que, si bien se trata de una actividad no jurídica de la administración respecto al ordenamiento jurídico del Estado, sí lo son dentro del ordenamiento interno al que pertenecen las respectivas instituciones. Siguiendo a Marienhoff podemos decir que los actos en que se concretan las RIO, dentro del ordenamiento interno en que se desenvuelven, tienen valor y substancia de actos administrativos, a cuyas reglas quedan sometidos.

En conclusión podemos decir que tanto una RIA o una RIO (y aun a pesar de tratarse en este último caso de actividad interna de la administración) ambas están sometidas al derecho. Los actos que la expresan o concretan son actos administrativos, que en principio general están sometidos a las mismas reglas que los actos administrativos emitidos o creados en ejercicio de la actividad externa que la administración desarrolla en su trato con los administrados.

Excepcionalmente, los actos administrativos que expresen o concreten tanto las RIA como las RIO escapan a las reglas generales del acto administrativo. Poseen poco desarrollo y se relacionan con la actividad interna de la administración (instrucciones, circulares, etc.). Para Sayaguéz Laso son las RIO las que surgen al vincularse entre sí diversos organismos o reparticiones de un mismo ente.

Éstas pueden ser de dos clases:
- Relaciones entre organismos de la administración central
- Relaciones entre órganos de una misma persona pública estatal

Por su parte, las Relaciones Inter Administrativas pueden ser de dos clases:
- Relaciones entre órganos dotados de personalidad
- Relaciones entre la administración Centralizada y una entidad autárquica:

Es en las RIO donde hallan plena aplicación las llamadas "instrucciones y circulares". La facultad de emitirlas no proviene del poder reglamentario sino de las relaciones jerárquicas.

RELACIONES INTER ORGÁNICAS: Si bien los órganos de las personas jurídicas públicas estatales no son sujeto de derecho y por ende no tiene personalidad jurídica, ello no impide que existan vínculos jurídicos entre los órganos de una misma persona jurídica pública estatal.

Las RIO se sustentan en la idea de una subjetividad interna, limitada a las vinculaciones que se traban en el seno de una misma persona jurídica. Es una actividad jurídica que se debe encuadrar en el ordenamiento jurídico y basado en el principio de unidad que no permite conductas contrapuestas pues si así fuere el poder jerárquico no tendría sustento.

Las RIO pueden clasificarse en:
- De colaboración: propuestas
- De conflicto: cuestiones de competencias positivas y negativas
- De jerarquía: órdenes
- De consultas: dictámenes de los servicios jurídicos permanentes
- De control: observaciones del Tribunal de Cuentas de la Nación.

De las RIO (aquéllas que vinculan a dos o más órganos de la administración integrantes de una misma persona pública estatal) surgen los actos interorgánicos que no producen efectos jurídicos directos con relación a los administrados, operando sólo en el plano interno de la persona pública estatal.

Creemos firmemente que, aprovechando algunos ejemplos del Derecho Comparado, es necesario afianzar, entre otros principios, la seguridad jurídica en materia

competencial; ello podría lograrse coordinando, colabo-
rando y cooperando entre los distintos niveles estatales
que intervienen en la prestación competencial, y para
ello es necesario, por parte de todos, democratizar la
administración competencial y reducir el alto grado de
autoritarismo que poseen, desde hace mucho tiempo,
las políticas públicas.

CAPÍTULO 3
ANÁLISIS PRELIMINAR

Antecedentes Normativos

La Ley de Patronato de Menores o "Ley Agote" (Ley 10.903 de 1919), primera ley de minoridad de América latina, consolidó la intervención del Estado en la vida de los niños pobres y la mantuvo hasta ahora. Esta Ley de Patronato daba facultades a los jueces para disponer arbitrariamente de cualquier niño que hubiera cometido o sido víctima de una contravención o delito, o se encontrara "material o moralmente abandonado", para entregarlo a "una persona honesta, o a un establecimiento de beneficencia privado o público, o a un reformatorio público de menores", según expresaba el texto original de la mencionada ley.

El Estado se asignó entonces la tarea de educar a los niños considerados "en peligro": los niños que cometían delitos, los niños abandonados y los niños pobres para evitar que se convirtieran en "peligrosos", alejándolos de sus familias y creando instituciones que se proponían "reemplazar" las funciones de crianza. A lo largo del sigloe, este modelo fue generando una poderosa maquinaria de institutos asistenciales y penales, instituciones psiquiátricas o comunidades terapéuticas, entre otras instituciones, para alojar a niños y adolescentes.

La llegada de la Convención Internacional sobre los Derechos del Niño (CIDN) significó un cambio radical en la forma de concebir a la infancia y su relación con el Estado, con la familia y con la comunidad. Implicó

cambiar la mirada sobre los niños y empezar a recono-
cerlos como ciudadanos con derechos y con la capacidad
de exigir y demandar el cumplimiento de esos derechos,
como actores importantes de la vida social, que opinan
y toman decisiones y a quienes, por su condición de
persona en desarrollo, se les brinda una protección
integral especial. La Convención reconoce a los niños
y adolescentes como sujetos de derechos y establece
que el Estado, a través de políticas públicas, debe ser el
garante de los derechos humanos de los niños.

Este instrumento internacional deja en claro que
la situación socioeconómica nunca puede dar lugar
a la separación del niño de su familia y obliga a los
organismos del Estado a oír al niño y a sus padres para
incluir al grupo familiar en programas de apoyo de salud,
vivienda y educación.

Sin embargo, la demora en la adecuación legislativa
permitió que durante años coexistieran en el país dos
visiones opuestas: la que promueve la CIDN y la que sub-
yace a la Ley de Patronato. Aun cuando Argentina ratificó
la Convención en 1990 y la incorporó a su Constitución en
1994, la cultura del Patronato siguió vigente como sostén
de las políticas para la niñez porque la transformación
que promueve la CIDN implicó e implica todavía un
proceso de cambio cultural que genera resistencias.[15]

De todas maneras el constituyente reformista no
se conformó con la incorporación de la CIDN como ley
privilegiada de la Nación. Además, entre las muchas
acciones de discriminación positiva que la Constitución
contiene a partir de la reforma, nos encontramos con el

---

[15]   http://www.periodismosocial.org.ar/area_infancia_informes_re-
       cuadros.cfm?ar=33&cid=157 & rid=2264

Inc. 23 del Artículo 75 que establece como facultad del Congreso de la Nación la acción de:

> Legislar y promover medidas de acción positiva que garanticen la igualdad real de oportunidades y de trato, y el pleno goce y ejercicio de los derechos reconocidos por esta Constitución y por los tratados internacionales vigentes sobre derechos humanos, en particular respecto de los niños, las mujeres, los ancianos y las personas con discapacidad. Dictar un régimen de seguridad social especial e integral en protección del niño en situación de desamparo, desde el embarazo hasta la finalización del período de enseñanza elemental, y de la madre durante el embarazo y el tiempo de lactancia.

El inciso transcripto refuerza una idea de continuidad respecto al cambio de paradigma en la materia y, al mismo tiempo, un enunciado de postulados, principios y declaraciones tan imprescindibles como incumplidos; puesto que a pesar de la ratificación en 1990 de la CIDN y de su posterior reafirmación en la reforma constitucional 1994 mediante la inclusión de la temática en el inciso antes citado, la realidad indicó la persistencia en el tiempo de la doctrina de la situación irregular, ello obviamente, en expresa contradicción con el bloque de legalidad constitucional.

De todas maneras, antes de que estos antecedentes constitucionales cobraran vigencia, la Constitución de la Provincia de Santa Fe, que entrara en vigencia el 18 de abril de 1962, dispuso en el Artículo 23, lo siguiente:

> La Provincia contribuye a la formación y defensa integral de la familia y al cumplimiento de las funciones que le son propias con medidas económicas o de cualquier otra índole encuadrada en la esfera de sus poderes. Procura que el niño crezca bajo la responsabilidad y amparo del núcleo familiar.

Protege en lo material y moral la maternidad, la infancia, la juventud y la ancianidad, directamente o fomentando las instituciones privadas orientadas a tal fin.

El citado texto del artículo de la Constitución de la Provincia de Santa Fe nos devuelve a lo dicho sobre el federalismo y al principio competencial de delegación. Ante esa perspectiva tenemos dos alternativas: en primer lugar podemos considerar que si la Constitución Provincial contiene la norma del Artículo 23 debe entenderse que se trata de una competencia no delegada a la Nación y por ello se trata de una de las tantas competencias reservadas para sí por la provincia; o en segundo lugar podemos adoptar la postura, acertada por cierto, de que no existe competencia perfecta (relacionada con un solo nivel estatal) y por lo tanto es necesario, como en todo sistema federal, el desarrollo entre los distintos niveles estatales de las relaciones propias del sistema (coordinación, colaboración y cooperación).

La realidad normativa de nuestro país indica que en 2005 entró en vigencia la Ley Nacional 26.061 de Protección Integral de los Derechos de las Niñas, Niños y Adolescentes; y en 2009, la Provincia de Santa Fe puso en vigencia la Ley Provincial 12.967, de Promoción y Protección Integral de los Derechos de las niñas, niños y adolescentes. Una lectura de ambos cuerpos legales indica que las leyes citadas no adoptan ninguna de las posturas competenciales reseñadas y, por el contrario, desembocan en una colisión normativa que termina constituyendo un obstáculo al fondo del problema. Esa colisión nunca es de financiación, o sea, si bien todos se pelean por la competencia, nadie se pelea por financiarla.

De todas maneras, y a pesar de los inconvenientes hasta aquí destacados, debemos coincidir en que a partir de la CIDN, se comenzó a transitar un lento cambio de paradigma, notándose un paulatino abandono de la posición que surge del Código Civil que se sustenta en la incapacidad de las personas menores de edad, que se corresponde con el de niño objeto de protección propio de la doctrina de la situación irregular, por el cual se estructura un sistema de representación con el objetivo de brindar una protección adecuada que supla dicha incapacidad.

Evidentemente el tránsito hasta el afianzamiento del espíritu de la Convención de los Derechos del Niño (niño como sujeto de derechos: lo concibe como una persona con capacidad progresiva en consonancia con la evolución de sus facultades así queda plasmado en el Artículo 5 del CIDN[16] que establece como límite al ejercicio de la función parental precisamente el respeto por la autonomía progresiva del niño/a y adolescente)[17] no ha sido fácil. Por el contrario, a pesar de claridad de la norma, del espíritu y de las acciones estatales, dos visiones opuestas sobre los niños, niñas y adolescentes convivieron, y en algunos supuestos continúan conviviendo en nuestro país. Veamos las principales características y diferencias entra ambas:

---

[16] Los Estados Partes respetarán las responsabilidades, los derechos y los deberes de los padres, o en su caso, de los familiares o de la comunidad, según establezca la costumbre local, de los tutores u otras personas encargadas legalmente del niño, de impartirle –en consonancia con la evolución de sus facultades–, dirección y orientación apropiadas para que el niño ejerza los derechos reconocidos en la presente Convención.

[17] http://www.villaverde.com.ar/archivos/File/investigacion/IN-FANCIA/ppt/abogado-nino.ppt

La doctrina de la situación irregular

▶ contempla sólo a los niños más vulnerables, a quienes etiqueta con el término "menor", y resuelve sus problemas por la vía judicial.

▶ el juez interviene cuando considera que hay "peligro moral o material" y puede disponer del niño tomando la medida que crea conveniente, hasta por tiempo indeterminado.

▶ el Estado interviene frente a los problemas económicos y sociales que atraviesa el niño a través del Patronato ejercido por el Poder Judicial como un "patrón" que dispone de su vida.

▶ el sistema judicial trata los problemas sociales y jurídicos, sean civiles o penales, a través de la figura del Juez de Menores.

▶ considera abandono del niño no sólo la falta de padres, sino también situaciones generadas por la pobreza del grupo familiar y puede disponer la separación del niño del mismo por situaciones de pobreza.

▶ el juez puede resolver el destino de un niño con dificultades socioeconómicas sin escucharlo y sin tener en cuenta la voluntad de sus padres.

▶ puede privarse de la libertad a los niños por tiempo indeterminado en institutos o centros o restringir sus derechos por problemas económicos.

▶ el niño que cometió un delito no es oído durante el proceso judicial y tampoco tiene derecho a la defensa. Incluso, si es declarado inocente, puede ser privado de la libertad en nombre de su "protección".

▶ el juez puede tomar la medida que le parezca ante un niño acusado de cometer un delito (en general, la internación), y por tiempo indeterminado, aún cuando no la llame "pena".

La doctrina de la protección integral

► concibe a la infancia como una sola y reconoce a todos los niños y niñas como sujetos de derechos que el Estado está obligado a garantizar a través de políticas públicas básicas y universales.

► el juez sólo interviene cuando se trata de problemas jurídicos o conflictos con la ley penal, no puede tomar cualquier medida y, si lo hace, ésta debe tener una duración determinada.

► el Estado no es "patrón" sino promotor del bienestar de los niños. Interviene a con políticas públicas básicas (educación, salud, etc.) o de protección especial (subsidios directos, por ejemplo).

► el sistema judicial trata los problemas jurídicos. Los problemas sociales son competencia de órganos descentralizados a nivel local con participación de ONG´s, la comunidad y los jóvenes.

► la situación económica nunca puede dar lugar a la separación del niño de su familia, pero sí constituye una alerta que obliga al Estado a apoyar a la familia con programas de salud, vivienda y educación.

► los problemas socioeconómicos que sufre la infancia no son competencia de la Justicia sino de los organismos de protección de derechos que están obligados a oír al niño y a sus padres.

► sólo se puede privar de la libertad a un niño o restringir sus derechos si ha cometido una infracción grave y reiterada a la ley penal.

► el juez tiene la obligación de oír al niño que cometió un delito, quien a su vez tiene derecho a tener un abogado defensor y a un debido proceso con todas las garantías. Si es inocente, no puede ser privado de su libertad.

▶ el juez aplica medidas socioeducativas diferentes de la internación (amonestación, trabajo solidario, libertad asistida, obligación de reparar el daño) de acuerdo con la gravedad del delito, con revisión periódica y tiempo determinado.

Convivencia de la Ley 12.967 y la Ley 26.061

Una lectura de paralelo de ambos cuerpos legales marca una réplica normativa (el texto de los artículos, la estructura de la norma, etc. son casi idénticas) que ocasiona la colisión normativa a la que hicimos referencia.

> La Ley 12.967 (del año 2009), en la primer parte de su Artículo 1 determina la adhesión de la norma de la provincia de Santa Fe a la Ley Nacional 26.061 (año 2005).
> La provincia de Santa Fe adhiere a la Ley Nacional Nº 26.061 de Protección Integral de los Derechos de las Niñas, Niños y Adolescentes.

Ahora bien: ¿qué tipo de adhesión es la que realiza la norma provincial? ¿Es una adhesión pura y simple, sin condicionamiento alguno? Y si así fuere, ¿qué ocurre en caso de conflicto entre normas de distinto emisor y con distinta jerarquía?

> Artículo 1º.- La presente ley tiene por objeto la promoción y protección integral de los derechos y garantías de las niñas, niños y adolescentes que se encuentren en el territorio de la Provincia. Los derechos y garantías que enumera la presente deben entenderse como complementarios e interdependientes de los derechos y garantías reconocidos en el ordenamiento jurídico provincial, nacional y en los tratados internacionales en los que la Nación sea parte.

El artículo mencionado emplea términos tales como "complementarios" e "interdependientes", a los que identificamos con la coordinación normativa que todo sistema federal requiere.

Por lo ya expuesto en referencia al Artículo 23 de la Constitución Provincial, creemos que a pesar de encontramos ante una competencia provincial que debe ser gestionada conjunta, coordinada y concertadamente entre Nación y Provincia, con la participación de municipios y comunas, debería haberse plasmado en la Ley 12.967 la pertenencia provincial de la competencia en materia de niños, niñas y adolescentes.

Eso no parece desprenderse de la letra del artículo: la reafirmación de la pertenencia normativa que requerimos, y en su afán de respetar el principio de unicidad en el Derecho o tal vez de reconocer que no existe competencia que pueda ser satisfecha por un solo nivel estatal, la norma provincial ha quedado a medio camino trayendo como consecuencia algunos inconvenientes. Tal vez, y como luego veremos, la cuestión de la necesidad de recursos para financiar las competencias servicios y funciones, ha determinado esta fórmula legislativa que no compartimos y en la que pareciera que estamos subordinando la legislación provincial a la nacional, en una materia que no amerita esa subordinación. Y decimos eso independientemente de lo que la historia de la materia demuestre que ha acontecido en el último siglo. La base de cualquier sistema de gobierno es la protección de las competencias, servicios y funciones otorgadas y excluidas de cualquier injerencia de cualquier otro nivel estatal. El abandono de esa protección implica colaborar con la desnaturalización del sistema federal argentino.

A modo de ejemplo sobre los conflictos normativos en la materia entre leyes nacionales y provinciales, podemos mencionar que la Ley 26.061 contiene disposiciones de sustancia procesal y sabemos que las provincias no han delegado la potestad legislativa procesal, y por ello la inclusión de ese tipo de normas en leyes nacionales las coloca en contradicción con la Constitución Nacional. Es posible que nuestro sistema federal permita la colaboración, cooperación y coordinación de políticas públicas instrumentadas a partir de una ley; pero de ninguna manera esas relaciones típicas del sistema federal podrían avalar una invasión de las competencias reservadas por cada una de las provincias en intentos de "uniformar criterios en todo el territorio nacional".

Por ello creemos que la adhesión a la Ley 26.061 no ha sido la mejor "receta" legislativa, y si la intención era dictar la propia normativa provincial, hubiera bastado con una adhesión formal o a los principios sobre los que reposa la ley nacional. Ello hubiera evitado la necesidad de contar con mecanismos de cohesión e interpretación normativa entre ambos cuerpos legales.

Por otra parte, la consecuencia de la adhesión de una provincia a una ley nacional, implica la incorporación al ordenamiento jurídico provincial del contenido íntegro de la ley a la que se adhiere. Es necesario advertir que la norma dictada por el legislador provincial en el Articulo 1 de la Ley 12.967, ya formaba parte de nuestro derecho local por haber sido incorporado como materia constitucional en nuestra carta magna de 1962. Y la dificultad extrema se presenta cuando la legislación provincial (Ley 12.967 o Decreto Reglamentario de la misma) altera o modifica el contenido normativo de la Ley 26.061.

Si el conflicto se produce entre un artículo de la Ley 12.967 y otro de la Ley 26.061, nos encontramos ante la necesidad de acudir al mecanismo de la interpretación en sus distintas variantes y modalidades. Ahora, si el conflicto se produce entre el Decreto Reglamentario 619/2010 y la Ley 26.061, nos encontramos ante la posibilidad de configurar una violación al Artículo 28 de la Constitución Nacional, pudiendo tipificar la irrazonabilidad de la norma al detectar que la reglamentación altera el espíritu de la ley.

> En primer lugar, corresponde insistir en que debe reasegurarse el federalismo, respetando la potestad exclusiva de la Provincias de dictar sus propias leyes procesales. Las disposiciones de la 26.061 tendientes a imponer sistemas procesales a las provincias, son nulas, a menos que las Provincias adhieran. En cualquier caso sería conveniente que las Provincias designaran autoridades de aplicación para lograr la cooperación interjurisdiccional.[18]

Por un lado, compartimos los dichos de la autora citada en cuanto al resguardo de la competencia provincial. Pero por otro, insistimos en que si bien la adhesión puede solucionar algunos inconvenientes, creemos que no purga todas las inconsistencias surgidas de la duplicidad normativa y que genera mayores problemas que beneficios.

---

[18]   Basset, Úrsula Cristina, "Sobre las medidas de protección en la Ley 26.061. Una mirada desde otra perspectiva", Diario La Ley, Buenos Aires, 30/04/2008, p. 1.

Uniformismo vs. Igualdad

A pesar de lo dicho, celebramos la intención legislativa de abocarse a contribuir con el desarrollo del sistema de Protección Integral que antes reseñamos. Creemos además que nunca son suficientes las herramientas para lograr que prevalezca el interés del niño, niña y adolescentes. Pero reiteramos: nuestro sistema federal implica la tan deseada colaboración, coordinación y cooperación entre los distintos niveles estatales y ello no se logra superponiendo normas sobre la misma materia en todas las jurisdicciones; por el contrario, se logra decidiendo un núcleo básico a todo el territorio, estableciendo pautas de acción coordinadas y dejando el margen constitucional para que cada jurisdicción provincial determine la materialización del núcleo básico y las pautas de acción de acuerdo a su contexto sociológico.

Además de la superposición legislativa a la que nos referimos, generalmente las normas legales argentinas están afectadas por el "uniformismo". Ese uniformismo implica el triunfo de la generalidad por sobre la individualidad; implica legislar para todos igual sin advertir la peculiaridades de cada uno; implica perder de vista las diferencias sustanciales entre los niños, niñas y adolescentes de todo el país o de toda la provincia.

Es evidente que la ley es una norma general y por ello parecería incoherente nuestra afirmación, y por ello merece una aclaración de nuestra parte. Creemos que toda norma general aplicable a un sinnúmero de sujetos distintos, que se desarrollan en lugares distintos y que se relacionan en un contexto distinto, no pueden ser colocados bajo el mismo texto legal sin dejar abierta una instancia que permita adecuar el texto normativo a la realidad donde se aplica.

Citando a un prestigioso constitucionalista: "las leyes son como el cuerpo humano, tienen partes rígidas (esqueleto) y partes flexibles (músculos)". Estas partes distintas son interdependientes e imprescindibles para el aseguramiento del espíritu de la norma y de la operatividad de la misma en la realidad.

La Ley 26.061 regula de igual manera el interés del niño de Santa Fe que el de Formosa; la Ley 12.967 regula de igual manera el interés del niño de Gato Colorado que el de Venado Tuerto. Distintas realidades, distintas idiosincrasias e igual remedio. Cuando entramos a una tienda a comprar un saco o un pantalón nos encontramos con distintos talles, colores y modelos; por el contrario la ley de tipo "uniformista" es una tienda donde todos los pantalones y sacos tienen el mismo talle, color y modelo, lo que trae como conclusión que al ser la única tienda disponible todos acuden a ella y eligen los únicos talles, modelos y colores. Obviamente no a todos les queda bien el saco, pero como dice la frase, "es lo que hay".

Evidentemente el uniformismo está vinculado a una concepción inexacta de igualdad. Hablar de igualdad, sobre todo en el ámbito jurídico, presupone el desafío de trasmitir muchísimo más de lo que por sí la propia palabra "igualdad" denota. La evolución que en la historia de las ideas ha tenido este principio amerita que tratemos de desentrañar su verdadero significado y trasladar la significación a la realidad sobre la que debe interactuar.

El principio de igualdad, base de la Revolución Francesa, surge por oposición a un sistema clasista, y postula un igualitarismo de todos los ciudadanos ante la ley; restablece de esa forma la igualdad natural de

todos los hombres y lo institucionaliza como pilar del
nuevo sistema.

De este principio básico se han desprendido, en
nuestra doctrina y jurisprudencia, distintas proyecciones
que analizaremos en las próximas líneas.

> Consecuentemente, la igualdad no es una declaración mera-
> mente programática, sino que, en tanto principio, vincula a
> los poderes públicos, ya al legislativo, ya a la administración,
> ya al poder judicial. Así entonces, quedan vedados los trata-
> miento dispares injustificados y, en el caso particular de las
> leyes cuando éstas los consagren, el principio de igualdad
> entrará en juego exigiendo una fundamentación suficien-
> te para cada distinción, mientras que los jueces estarán
> habilitados para investigar a qué fin atiende la disparidad,
> la conexión de ésta con un interés jurídico constitucional
> relevante y si hay proporcionalidad entre el medio empleado
> y el objetivo perseguido.[19]

Es necesario distinguir las diversas proyecciones que
el principio adopta, pudiendo mencionar, siguiendo a
Ramón Valdés Costa:

a. Igualdad en la ley: esta proyección surge en la
interpretación de la CSJN de la igualdad en el primer
fallo en que a ella se refiere (Criminal c. Don Guillermo
Olivar, por complicidad en el delito de rebelión. Fallos
16:118) y puede expresarse diciendo que:

> En síntesis, en este primer fallo de la Corte Nacional se re-
> coge la idea de que la igualdad no es un concepto preciso,

---

[19]   Casás, José Osvaldo, "El Principio de Igualdad en el Estatuto
del Contribuyente (Paralelo entre el pensamiento del maestro
uruguayo Ramón Valdés Costa y la doctrina y jurisprudencia de
la República Argentina)", Revista Latinoamericana de Derecho
Tributario, N°3 Diciembre 1997, Buenos Aires, p. 14.

absoluto, o matemático que conduzca al igualitarismo sino, más bien, una noción relativa, por lo cual los tratamientos legislativos deben ser iguales en igualdad de condiciones y desiguales ante circunstancias desiguales .[20]

El principio de igualdad en la ley requiere que no se establezcan excepciones o privilegios que excluya a unos e incluya a otros en igualdad de condiciones. Pero no impide que se contemple en forma diferente situaciones distintas, siempre que ello no se transforme en arbitrariedad u hostilidad hacia un individuo o grupo de personas.

b. Igualdad por la ley: esta faceta del principio de igualdad parte de la convicción que el Estado no puede permanecer ajeno ante las marcadas desigualdades económicas y sociales que se registra en su jurisdicción.

Esta concepción de la mano del constitucionalismo social se revitaliza a partir de la reforma constitucional de 1994 y la incorporación del Artículo 75 Inc. 22 que incorpora los tratados internacionales sobre derechos humanos a nuestro ordenamiento jurídico –privilegiando su aplicación sobre la misma ley–; y de la nueva redacción del Inc. 19 y el Inc. 23.[21]

---

[20] *Ibid.*, p. 23.
[21] Artículo 75 Inc. 19. Proveer lo conducente al desarrollo humano, al progreso económico con justicia social, a la productividad de la economía nacional, a la generación de empleo, a la formación profesional de los trabajadores, a la defensa del valor de la moneda, a la investigación y desarrollo científico y tecnológico, su difusión y aprovechamiento. Proveer al crecimiento armónico de la Nación y al poblamiento de su territorio; promover políticas diferenciadas que tiendan a equilibrar el desigual desarrollo relativo de provincias y regiones. Para estas iniciativas, el Senado será Cámara de origen.

No se trata sólo de igualdad ante la ley, en un sentido meramente formal al estilo de la Revolución Francesa, sino que se busca la igualdad de hecho: que todas las personas se encuentren en posibilidad de gozar efectivamente de los derechos que consagra la Constitución.[22]

c. Igualdad ante la ley: esta idea surge en la Revolución Francesa y se plasma en la "Declaración de los Derechos del Hombre y del Ciudadano", al proclamar que los "hombres nacen libres e iguales en derechos".

Artículo 75 Inc. 22. Aprobar o desechar tratados concluidos con las demás naciones y con las organizaciones internacionales y los concordatos con la Santa Sede. Los tratados y concordatos tienen jerarquía superior a las leyes. La Declaración Americana de los Derechos y Deberes del Hombre; la Declaración Universal de Derechos Humanos; la Convención Americana sobre Derechos Humanos; el Pacto Internacional de Derechos Económicos, Sociales y Culturales; el Pacto Internacional de Derechos Civiles y Políticos y su Protocolo Facultativo; la Convención Sobre la Prevención y la Sanción del Delito de Genocidio; la Convención Internacional sobre la Eliminación de Todas las Formas de Discriminación Racial; la Convención Sobre la Eliminación de Todas las Formas de Discriminación Contra la Mujer; la Convención Contra la Tortura y Otros Tratos o Penas Crueles, Inhumanos o Degradantes; la Convención Sobre los Derechos del Niño; en las condiciones de su vigencia, tienen jerarquía constitucional, no derogan artículo alguno de la primera parte de esta Constitución y deben entenderse complementarios de los derechos y garantías por ella reconocidos. Sólo podrán ser denunciados, en su caso, por el Poder Ejecutivo Nacional, previa aprobación de las dos terceras partes de la totalidad de los miembros de cada Cámara.

[22]   Spisso, Rodolfo R., *Derecho Constitucional Tributario*, 2da. Edición, Ed. Depalma, Buenos Aires, p. 333.

> Esta noción de la "igualdad jurídica", será valiosa para proscribir determinadas discriminaciones fundadas en razones de "raza, lengua, sexo, religión, ideas políticas u origen social" pero, de todos modos, por tratarse de una igualdad formal, congelará y perpetuará las profundas disparidades reales, en una sociedad no homogénea con clases marcadamente diferenciadas.[23]

Evidentemente la aplicación a ultranza de esta proyección de la igualdad nos conduce a tratar del mismo modo a personas que no se encuentran bajo las mismas circunstancias, lo que se torna palmariamente injusto. Este aspecto del principio de igualdad fundamenta la generalidad, sobre todo en el goce de los mismos derechos y el acceso a las mismas garantías, y se encuentra plasmado en distintas normas a lo largo de nuestro ordenamiento jurídico: la Constitución Nacional en su Artículo 16, la Declaración Americana de los Derechos y Deberes del Hombre en su Artículo 36 e incorporado a nuestro derecho por el Artículo 75 Inc. 22 de la Constitución Nacional, etc. La Corte Suprema de Justicia de la Nación (CSJN) desde la causa Don Ignacio Unanue (Fallos 138:332) del año 1923 se refirió a la proyección que nos encontramos analizando.

d. Igualdad en la interpretación y aplicación de la ley: es común en el ámbito constitucional asimilar a la Constitución con el cuerpo humano, sosteniendo que ambos tienen partes rígidas y flexibles; la parte rígida está constituida por el esqueleto óseo y la flexible por los músculos que rodean ese esqueleto. Creemos que toda la legislación debe poseer esa característica. En nuestro caso concreto –aspirando a realizar aportes

---

[23]   Casás, José Osvaldo, *op. cit.*, p. 20.

para una futura reforma– no podemos privar a nuestro
trabajo de una fuerte presencia de esta proyección del
principio de igualdad.

En cuanto a la desigualdad en la aplicación administrativa
de la ley, ella habrá de surgir de la confrontación entre el
modo en que una situación fue resuelta con el de otros casos
que se reputen similares. Dicho de otro modo, el supuesto se
verificará cuando frente a una ley que no contiene distingos
reprochables, la desigualdad se consuma en la desigual
consideración administrativa de casos análogos.[24]

e. Igualdad de las partes en la obligación: si bien en
este caso no estamos abordando el tema de la obligación, consideramos muy importante el corolario esbo-
zado por Ramón Valdés Costa y aplicable en el ámbito
de este tema a la relación existente entre las distintas
jurisdicciones en la discusión sobre la atribución del
poder tributario.

Entendemos que uno de los aportes más trascendentes que
ha efectuado el Profesor Ramón Valdés Costa a la elaboración
dogmática de esta rama del Derecho, ha sido su incansable
prédica a favor del más pleno reconocimiento del "principio
de igualdad de las partes de la relación jurídico tributaria",
ya que conforme a sus enseñanzas el Estado acreedor de
la obligación y el contribuyente deudor están igualmente
sometidos a la ley a la jurisdicción, por no haber tributo
sin ley que lo establezca y porque nadie puede ser juez en
su propia causa.[25]

La vulneración del principio de igualdad es causa
eficiente de la perpetua crisis a la que nos vemos sometidos y se materializa en el uniformismo legal que

---

[24]   Casás, José Osvaldo, *op. cit.*, p. 42.
[25]   *Ibid.*, p. 44.

criticamos. Por ello no debe escatimarse el esfuerzo en lograr la máxima y posible vigencia –en todas las dimensiones normativa, sociológica y dikelógica– del principio analizado.

Espíritu de la Legislación Vigente

A pesar de lo dicho, y reiterando nuestra adhesión a la norma independientemente de las críticas esbozadas, creemos que del espíritu de la ley provincial surgen dos cuestiones esenciales: por un lado, el desarrollo del niño en el ámbito familiar; y, por otro, la protección integral del interés superior del niño, niña y adolescente.

Ambas cuestiones constituyen ideas fuerza que inspiran y gobiernan la legislación brevemente repasada. Ése es el norte que el constituyente y el legislador, nacional y provincial, han tenido al plantear las acciones legislativas que analizamos.

Para la concreción de ese norte legislativo, apartándose definitivamente de la teoría de la situación irregular, es necesario un cambio rotundo y significativo, esencialmente en cuanto al sujeto encargado de la protección integral. Es que las acciones legislativas analizadas optaron por excluir a los niños, niñas y adolescentes del ámbito judicial y policial; atribuyendo la responsabilidad del sistema integral de protección al Poder Ejecutivo (Nacional y Provincial). Esa decisión, que no es menor, hace que el tránsito del viejo al nuevo sistema esté signado por escollos relacionados con el sustancial cambio subjetivo implementado.

Esa voluntad está expresada en la letra del Artículo
5[26] y 6[27] de la Ley 12.967. Ambos artículos siguen la línea
trazada en el mismo sentido por la Ley Nacional 26.061
en su Artículo 5°.[28]

La impronta cultural que dejó un siglo de judicialización de
los problemas sociales de los niños aparece como el desafío

---

[26] POLÍTICAS PÚBLICAS INTEGRALES. OBJETIVOS. Son aquéllas
conformadas por el conjunto de lineamientos y formulaciones
explícitas que, emanadas del Gobierno de la Provincia, incluyan
propósitos, finalidades, estrategias y recursos para la concreción
de los derechos que esta ley consagra. Para ello, se deberán
implementar políticas universales y específicas que garanticen
las condiciones básicas para el ejercicio efectivo de los derechos
reconocidos en la Provincia. Estas políticas son desarrolladas
por el Poder Ejecutivo en su conjunto.

[27] RESPONSABILIDAD ESTATAL. El Estado provincial promueve la
remoción de los obstáculos de cualquier orden que, limitando de
hecho la igualdad y la libertad, entorpezcan el pleno desarrollo
de niñas, niños y adolescentes y su efectiva participación en
la comunidad. Los organismos del Estado provincial tienen la
responsabilidad indelegable de establecer, controlar y garantizar el cumplimiento de las políticas públicas especialmente en
relación a la asignación de recursos hasta el máximo de los que
se disponga y los que se obtengan mediante la cooperación y la
asistencia internacionales.

[28] Los Organismos del Estado tienen la responsabilidad indelegable de establecer, controlar y garantizar el cumplimiento de
las políticas públicas con carácter federal. En la formulación y
ejecución de políticas públicas y su prestación, es prioritario
para los Organismos del Estado mantener siempre presente el
interés superior de las personas sujetos de esta ley y la asignación
privilegiada de los recursos públicos que las garanticen. Toda
acción u omisión que se oponga a este principio constituye un
acto contrario a los derechos fundamentales de las niñas, niños
y adolescentes. Las políticas públicas de los Organismos del
Estado deben garantizar con absoluta prioridad el ejercicio de
los derechos de las niñas, niños y adolescentes.

de fondo en los cambios que introduce la nueva ley. Como explican los directivos del CONNAF, hay maestros que tienen que tomar decisiones pedagógicas, por ejemplo, y prefieren que las tome un juez. La misma inercia puede ganar a otros estamentos de la sociedad, incluidas algunas veces las propias familias. La figura del juez para tomar decisiones "es muy tranquilizadora para muchos actores sociales. La tendencia a esperar que los jueces resuelvan es muy fuerte en muchos profesionales de la salud y de la escuela –aun cuando no estén de acuerdo con las decisiones de los jueces– porque tomar decisiones implica asumir responsabilidades", explica Lerner. El Patronato mismo puso al sistema judicial en la base de viejo orden que la Ley 26.061 ahora remueve. Los tribunales se han tenido que preguntar hasta ahora, como grafica el defensor Jalil, "¿qué hago con una familia de chicos desnutridos y una madre que no los puede contener, que sé que se me pueden morir? ¿Tengo que pedir recursos? Y si no los tienen o no los dan, ¿mandarlos a un hogar?". Los propios operadores judiciales aceptan también que un siglo de intervención en problemas sociales puede generar resistencias de tipo cultural e ideológico en ese ámbito, y miedo a aplicar la ley. "Hay como una ideología de protección que al Poder Judicial le va a ser difícil de frenar: 'hay un niño desamparado e inmediatamente hay que protegerlo'. Nosotros estamos en estos momentos desempeñando funciones que no nos corresponden", evalúa la jueza Ilundain.[29]

De los artículos citados a pie de la página anterior, tanto del orden nacional como provincial, surge claramente que la protección del derecho superior del niño, niña y adolescente es competencia concurrente de los niveles estatales nacional y provincial. Y aquí comienzan los problemas competenciales, pues incorrectamente se incluyen a los municipios en el nivel de responsabilidad competencial descripto, mediante la asimilación de los

---

[29]   http://www.periodismosocial.org.ar/area_infancia_informes_recuadros.cfm?ar=33&cid=157 &rid=2264.

mismos a la expresión "organismos"[30] utilizada por la legislación precitada.

Si bien el fundamento de la competencia puede hallarse tanto en la idea de eficacia (que conlleva la necesidad de distribuir las tareas entre órganos y entes diferenciados) como en una garantía para los derechos individuales, cierto es que esta institución se encuentra erigida fundamentalmente para preservar y proteger –de una manera objetiva y muchas veces genérica– el cumplimiento de las finalidades públicas o de bien común que la Administración persigue. La competencia puede considerarse desde muchos puntos de vista y su significado ha originado grandes desacuerdos doctrinarios. Ella puede analizarse en su condición de principio jurídico fundamental de toda organización pública del Estado y, también, en su faz dinámica y concreta, como uno de los elementos esenciales del acto administrativo. En el

---

[30]   Cuando se habla de "organismo" se refiere a la teoría del órgano se explica la imputación de la voluntad humana a la de las personas jurídicas. Como metáfora se puede usar la siguiente: el Estado provincial y cada una de sus reparticiones (ministerios, las direcciones, subsecretarías, etc.) es el cuerpo humano. El municipio está fuera del cuerpo humano que es la provincia. Por ello no puede ser usada la expresión "organismo" para referirse al municipio o comuna. Además la declaración de la autonomía municipal en el Art. 123 de la Constitución municipal solventa esa postura. Resulta entonces fundamental para el desarrollo del proceso de consolidación del Estado de derecho, los derechos humanos y sus garantías. El órgano es la Porción técnica del Estado a la que se atribuyen funciones jurídicas y competencias definidas y los correspondientes cargos. Sus elementos esenciales son la competencia, la forma y la voluntad. No debe confundirse el órgano con el cargo. El órgano es la Presidencia de la República, y Presidente de la República es el cargo, ocupado por una persona física. La teoría del órgano permite la distinción que se realiza. Mientras el órgano permanece, el soporte del órgano que ocupa el cargo (el Sr. XX o YY), varía de acuerdo a la forma de designación.

plano de las organizaciones públicas estatales constituye el principio que predetermina, articula y delimita la función administrativa que desarrollan los órganos y las entidades públicas del Estado con personalidad jurídica.[31]

En el ámbito del Derecho Público, la materia y la óptica que brindamos al análisis pertenece a esa rama del derecho. La posibilidad de hacer o ejercer una competencia debe ser expresa, siendo las potestades implícitas e inherentes de interpretación y aplicación restrictiva. De todas maneras, el Artículo 5 de la Ley Provincial 12.967 permite inferir la intención del legislador, de generar un proceso de descentralización de la competencia en lo que respecta a la protección de los derechos del niño, niña y adolescentes. Ello surge de lo expuesto en el Inc. e): "La coordinación con las políticas implementadas en el ámbito nacional, municipal y comunal"; del Inc. f) cuando dice: "La articulación transversal de las acciones públicas en la elaboración, ejecución y evaluación de planes y programas" y también del Inc. g) cuando dice: "La descentralización de planes y programas y de los organismos de aplicación y ejecución".

Evidentemente el instituto de la descentralización, principio esencial de la organización administrativa, no opera en forma implícita, subsidiaria o de hecho; y la movilidad de una competencia, hacia otro nivel estatal, como la de protección de los derechos de los niños, niñas y adolescentes, atribuida a la provincia por la propia Constitución Provincial en su Artículo 23 como ya hemos reseñado, necesita de un acto expreso de nivel estatal que detente la competencia que pretende transferirse

---

[31] Cassagne, Juan Carlos; *Tratado de Derecho Administrativo*, Ed. Astrea, Buenos Aires, 8va. Edición Actualizada, Tomo I, p. 234.

o movilizarse. Ese acto expreso puede ser de distinta
naturaleza, contenido, extensión y alcance; la extensión
reducida del presente trabajo no permite que abordemos
las distintas alternativas optando sólo por nombrar las
distintas posibilidades para instrumentar la intención
del legislador, entre las que encontramos el dictado de
una la ley (material o formal) o la formalización de un
convenio entre dos niveles estatales.

> La administración actúa las potestades que le han sido pre-
> viamente atribuidas, hemos dicho con reiteración. Si la ad-
> ministración pretende iniciar una actuación concreta y no
> cuenta con potestades previamente atribuidas para ello por
> la legalidad, habrá de comenzar por promover una modifi-
> cación de esa legalidad de forma que de la misma resulte la
> habilitación que hasta ese momento le faltaba. Es ésa una
> experiencia absolutamente común, que se hace especialmente
> visible con ocasión de acciones administrativas justificadas
> en motivos coyunturales más o menos apremiantes (grandes
> calamidades públicas, crisis económicas, creación de nuevas
> organizaciones, accione urgentes de política económica, etc.).[32]

Creemos conveniente efectuar una distinción entre
potestad y competencia, siguiendo a Antonio Iglesias
Martín, cuando dice:

> La noción de potestad se relaciona con la de competen-
> cia en una relación de medio (jurídico) a fin (realización
> de determinados intereses generales). La potestad es, por
> consiguiente, un elemento instrumental de la competencia,
> necesario para su ejercicio.[33]

---

[32]   García de Enterría y Fernández, *Tratado de Derecho Adminis-
       trativo*, Tomo I, Ed. Civitas, Madrid, 1997, p. 439.
[33]   Iglesias Martín, Antonio, *Autonomía municipal, descentralización
       política e integración europea de las entidades locales*, Ed. Ariel
       Derecho, Barcelona, 2002, p. 45.

Que exista una relación de medio a fin entre ambos institutos significa, que por un lado, nadie puede ejercer la competencia de otro; y por otro, que quien posee la competencia puede otorgar la potestad de su ejercicio a otro ente.

La atribución de competencias está estrechamente relacionada con la división del poder. Marienhoff, con meridiana claridad, dice que la llamada división de poderes es una medida que tuvo por mira evitar el despotismo y que en realidad se trató de una distribución de funciones.

> El origen jurídico legal de la "competencia" concuerda con el advenimiento del constitucionalismo ya que al consagrar éste el principio de separación de poderes ejecutivo, legislativo y judicial, consagró simultáneamente el principio de separación de las funciones estatales, que fueron respectivamente adjudicadas a cada uno de los tres órganos esenciales del gobierno. La competencia no constituye un derecho subjetivo. Constituye una obligación del órgano. La competencia concede a la autoridad dotada de ella el derecho (y, naturalmente el deber) de hacer uso de las facultades implicadas en la competencia.[34]

El solo hecho de que el órgano competente no cumpla con el natural deber –según palabras de Marienhoff– de hacer uso de las facultades que le concede la competencia, no implica autorización implícita a ningún otro órgano estatal a apropiarse de ella, y menos aun lo autoriza a obligar a otro ente a ejecutar la competencia que la ley le ha atribuido, puesto que en ese caso el nivel estatal, que se apropie de una competencia ajena u obligue a

---

[34]   Marienhoff, Miguel S., *Tratado de Derecho Administrativo*, Ed. Abeledo Perrot, Buenos Aires, 1964, Tomo I, p. 571.

otro a cumplir una competencia ajena (si la pertinente delegación), entraría en grave conflicto de compatibilidad con la Constitución. Como bien dice Gordillo:

> Para que el acto sea válido, es necesario que además de ser realizado dentro de la función que corresponde al órgano lo sea dentro de la competencia del mismo".[35]

Creemos que una ley del Congreso Provincial, un decreto del Poder Ejecutivo Provincial o un convenio (que necesitará la permisión legal de cualquiera de los medios mencionados anteriormente), serían mecanismos válidos para instrumentar la descentralización de toda o parte de la competencia en materia de protección de los derechos del niño, niña y adolescentes. Ninguno de estos mecanismos se han instrumentado hasta la fecha, tampoco se han instrumentado otros no mencionados. Por ello y hasta que no se materialice la descentralización, la responsabilidad estatal seguirá siendo exclusiva y excluyentemente provincial y nacional, salvo claro está el deber de colaboración y la actuación de los municipios y comunas como autoridad local con la amplitud y alcance que determina la ley y que trataremos desde un punto de vista trialista más adelante.

La cúspide del sistema de protección integral

La estructura del sistema de protección tiene en su cúspide "el interés superior del niño, niña y adolescente".

---

[35]   Gordillo, Agustín, *Tratado de Derecho Administrativo*, Ed. Fundación de Derecho Administrativo, Buenos Aires, 2002, Tomo II, Cap. XII, p. 23.

La propia Ley Provincial, en su Artículo 4, da contenido y extensión a la expresión:

Se entiende por interés superior de la niña, niño y adolescente la máxima satisfacción, integral y simultánea de los derechos y garantías reconocidos y los que en el futuro pudieren reconocérsele. La determinación del interés superior debe respetar:

> a) Su condición de sujeto de derecho. b) Su derecho a ser oído cualquiera sea la forma en que se manifieste y a que su opinión sea tenida en cuenta. c) El respeto al pleno desarrollo de sus derechos en su medio familiar, social y cultural. d) Su edad, grado de madurez, capacidad de discernimiento y demás condiciones personales. e) El equilibrio entre los derechos y garantías de los niños, niñas y adolescentes y las exigencias del bien común. f) Su centro de vida. Se entiende por centro de vida el lugar asimilable a su residencia habitual donde las niñas, niños y adolescentes hubiesen transcurrido en condiciones legítimas la mayor parte de su existencia. Cuando exista conflicto entre los derechos e intereses de las niñas, niños y adolescentes frente a otros derechos e intereses igualmente legítimos, prevalecen los primeros.

El Artículo 3 de la Ley 12.967 es un eficaz complemento al establecer que:

> En las medidas concernientes a las niñas, niños y adolescentes que promueven las instituciones públicas o privadas, los órganos judiciales, administrativos o legislativos, debe primar el interés superior de las niñas, niños y adolescentes. Los organismos administrativos provinciales, municipales y locales deben revisar la normativa que regula, afecta el acceso o el ejercicio de derechos reconocidos a niñas, niños y adolescentes, adecuándola a los postulados contenidos en esta ley.

Tanto de la Convención Internacional de los Derechos del Niño (1989), la Ley 26.061 (2005) y la Ley Provincial 12.967, surge claramente –como ya anticipamos– que el legislador pretende sacar al niño del juzgado y de la policía, entendiendo que el Poder Ejecutivo, siguiendo el plan establecido en las leyes precitadas, será el ámbito propicio para la protección y promoción de los derechos del niño, niña y adolescentes.

Lo dicho no significa que los restantes actores (públicos o privados) no mencionados en la norma puedan desentenderse de la cuestión y menos aun será posible inhibir la responsabilidad que les cabe cuando por acción u omisión tuvieren inherencia en la vulneración del interés superior.

Todo aquel actor social que directa o indirectamente tenga conocimiento o participación en alguna cuestión donde pueda encontrarse amenazado o vulnerado el superior interés del niño, deberá arbitrar todos los medios a su alcance para asegurar la primacía del interés superior. Esa obligación puede ser de distinta entidad e intensidad, limitándose en algunos casos a informar a la autoridad competente; y otros se necesitará una intervención material, plausible y decisiva para coadyuvar a la vigencia del sistema de protección integral.

La norma establece claramente la imposibilidad de desentenderse de la cuestión, bajo el pretexto del desplazamiento de la competencia al Poder Ejecutivo Nacional o Provincial.

El legislador, al determinar que la ley es de "aplicación obligatoria" (cuestión un tanto confusa pensando que no hay leyes que no sean obligatorias, pues la obligatoriedad en una de las características intrínsecas de una ley formal como la Nº 12.967), ha querido reafirmar

su decisión de desarrollar y aplicar el sistema de protección integral a todas y cada una de las situaciones en
donde el interés superior del niño, niña o adolescente
se encuentre amenazado.

Es posible que el legislador haya querido reforzar
el contenido reglado de la norma, apelando a lo que
en Derecho Administrativo se conoce como conducta
reglada,[36] en contraposición a la facultad discrecional[37]
de los órganos de poder optar entre varias soluciones
igualmente válidas. La Ley 12.967 vincula a todos los
intervinientes a sujetarse a sus disposiciones, independientemente de la ubicación funcional que posea en el
ámbito estatal o de su pertenencia al ámbito privado.

Dicho de otro modo, la actividad administrativa debe ser
eficaz en la realización del interés público, pero esa eficacia
o conveniencia u oportunidad es en algunos casos contemplada por el legislador o por los reglamentos y en otros es
dejada a la apreciación del órgano que dicta el acto; en ello
estriba la diferencia de las facultades regladas y discrecionales de la administración. En un caso es la ley –en sentido lato:
Constitución, tratados internacionales que poseen jerarquía
constitucional en las condiciones de su vigencia (Art. 75,
Inc. 22, C.N.), tratados internacionales, ley, reglamento– y
en otro es el órgano actuante, el que aprecia la oportunidad
o conveniencia de la medida a tomarse. En el primer caso,

---

[36]   Las facultades de un órgano administrativo están regladas cuando
una norma jurídica predetermina en forma concreta una conducta determinada que el particular debe seguir, o sea cuando el
orden jurídico establece de antemano qué es específicamente lo
que el órgano debe hacer en un caso concreto. Gordillo, Agustín;
op. cit., Tomo I, CAP. X, p. 12.

[37]   Las facultades del órgano serán en cambio discrecionales cuando
el orden jurídico le otorgue cierta libertad para elegir entre uno y
otro curso de acción, para hacer una u otra cosa, o hacerla de una
u otra manera. Gordillo, Agustín; *op. cit.*, Tomo I, CAP. X, p. 12.

la ley se sustituye al criterio del órgano administrativo y predetermina ella misma qué es lo conveniente al interés público; en tales casos el administrador no tiene otro camino que obedecer la ley y prescindir de su apreciación personal sobre el mérito del acto. Su conducta, en consecuencia, está predeterminada por una regla de derecho; no tiene él libertad de elegir entre más de una decisión: su actitud sólo puede ser una, aunque ésa una sea en realidad inconveniente. En este caso la actividad administrativa está reglada: el orden jurídico dispone que ante tal o cual situación de hecho él debe tomar tal o cual decisión; el administrador no tiene elección posible: su conducta le está dictada con antelación por la regla de derecho.[38]

Lo dicho se infiere expresamente de la Ley 12.967, en el tercer párrafo del Artículo 29 que dice:

La distribución de competencias no puede ser obstáculo para la asistencia inmediata en situaciones de riesgo para la vida o la integridad personal de la niña, niño o adolescente y la tramitación ante la Autoridad que corresponda.

La norma, correctamente, prioriza la asistencia inmediata del menor en riesgo por sobre la organización administrativa, pero además, es fundamento suficiente para que nadie intente sustraerse de la obligación legal de proteger los derechos de niños, niñas y adolescentes utilizando el pretexto de la distribución competencial. Cualquier sujeto público o privado ante la presencia de riesgo sobre un niño, niña o adolescente debe adoptar las medidas que la ley autoriza de manera inmediata y urgente, independientemente de la comunicación y posterior o concomitante intervención del organismo legalmente determinado por la norma.

---

[38] Gordillo, Agustín, *op. cit.*, Tomo I, Cap. X, p. 12.

Es necesario que hagamos rápidamente una observación que ayudará a comprender nuestra idea. Independientemente de las atribuciones legales, de los procedimientos determinados y de las competencias atribuidas por la ley, nadie puede desentenderse de la obligación de colaborar, coordinar y cooperar con el funcionamiento y sostenimiento del sistema integral de protección, y repetimos: la obligación será de distinta entidad e intensidad pero siempre será una obligación con raigambre en un tratado internacional constitucionalizado a partir de 1994 en el Artículo 75 Inc. 22 de la Constitución Nacional de la República Argentina.

En ese orden de ideas, no quita entidad a lo dicho el deber de comunicar establecido en el Artículo 27 de la Ley 12.967[39] que regula el procedimiento de la denuncia. El artículo citado marca el procedimiento usual a seguirse, de acuerdo al procedimiento administrativo establecido por la ley; mientras que el Artículo 29 determina una excepción a ese procedimiento, autorizando a intervenir en quien se encuentre ante el conocimiento

---

[39] Los miembros de los establecimientos educativos y de salud, públicos o privados y todo agente o funcionario público de cualquiera de los tres poderes que tuviere conocimiento de la amenaza o vulneración de derechos de las niñas, niños o adolescentes en razón del desempeño de su cargo, debe comunicar dicha circunstancia a la autoridad administrativa o judicial de protección de derechos en el ámbito local, bajo apercibimiento de incurrir en responsabilidad por dicha omisión. El procedimiento de comunicación deberá ser tal que garantice la integridad física del denunciante y su grupo familiar. Toda persona que tenga conocimiento de la vulneración de derechos que afecten la vida o la integridad física y psíquica de una niña, niño o adolescente tiene el deber de comunicarlo a la autoridad administrativa o judicial de protección de derechos en el ámbito local o a otra autoridad competente.

de una amenaza o vulneración de un derecho protegido por la ley. No siempre debe seguirse el mecanismo establecido en el Artículo 27, cuando el cumplir la ley se transforma en la frustración del derecho protegido, la ley autoriza que el sujeto[40] se aparte de la norma y ese apartamiento es autorizado legalmente, en nuestro caso por el Artículo 29. Lo dicho en el Artículo 27 debe analizarse juntamente con el Artículo 54 de la Ley Provincial y algunos problemas que su redacción trae aparejado. Creemos que el texto del mismo, más precisamente la utilización de la palabra "puede" es contradictorio con el resto del cuerpo legal, especialmente con lo dispuesto y ya analizado por el Artículo 3 al referirse a la "aplicación obligatoria": creemos que la expresión correcta que debió utilizarse debería ser "debe", siendo coherente esa expresión en el plexo normativo todo, que apunta a una conducta vinculada exigida a cada uno de los sujetos públicos o privados que tuvieren conocimiento directo o indirecto de amenaza o vulneración al derecho protegido.

---

[40] En el mismo sentido, al legislar sobre la intervención provocada, la Ley 12.967 en su Artículo 53 amplía la legitimación de los distintos sujetos para pedir la intervención administrativa y judicial ante la amenaza o vulneración de derechos del niño, niña y adolescentes, diciendo que: La intervención de las autoridades administrativas y judiciales puede ser requerida por: a) la propia niña, niño o adolescente, no siendo necesario que concurra con la asistencia de sus padres o representantes legales. b) los representantes legales de las niñas, niños y adolescentes, o miembros de su familia o centro de vida. La Autoridad Administrativa o Judicial requerida evaluará si es necesario proteger la identidad de la persona requirente. c) integrantes de los equipos técnicos que se desempeñen en los organismos creados por la presente ley. d) cualquier agente del Estado nacional, provincial municipal o comunal. e) por miembros de la comunidad

La niña, niño o adolescente, la persona física o jurídica, pública o privada, gubernamental o no gubernamental que haya por cualquier medio tomado conocimiento de un hecho o acto que vulnere, impida o afecte de cualquier modo la máxima satisfacción, integral y simultánea de los derechos de las niñas, niños y adolescentes, puede formular denuncia ante el Servicio de Promoción y Protección de Derechos Local o ante la Autoridad administrativa del ámbito regional o de la Autoridad de Aplicación provincial o ante cualquier agente público. Éste último deberá inmediatamente derivar al Servicio de Promoción y Protección de Derechos Local o a la Autoridad administrativa del ámbito regional o a la Autoridad de Aplicación provincial.

El Artículo 3 determina, según nuestro punto de vista, quiénes son los sujetos que deben intervenir, como operadores de la norma legal o como partícipes directos o indirectos de una cuestión en donde se encuentre, amenazado o vulnerado el derecho de un niño, niña o adolescente.

CAPÍTULO 4
LOS MUNICIPIOS Y LAS COMUNAS
ANTE LA LEY 12.967

Estructura Municipal Argentina

Hemos manifestado nuestra preocupación por el papel que se les pretende atribuir a las comunas y municipios santafesinos en el ámbito de la presente ley. Por ello uno de los objetivos del presente trabajo es dilucidar cuál es realmente el rol que a las comunas y municipios santafesinos le corresponden a partir de la vigencia de la Ley 12.967. Veamos brevemente cómo se compone la estructura municipal en la provincia argentina y santafesina.

De acuerdo al Censo del 27 de octubre de 2010 realizado por el INDEC, la población de la República Argentina asciende a 40.117.096 habitantes, con una densidad media de 14,4 hab/km² (sin considerar la superficie reclamada de la Antártida Argentina e Islas del Atlántico Sur).

Esta población se encuentra desigualmente repartida por el país, concentrándose mayormente en la zona del Área Metropolitana Buenos Aires (Ciudad Autónoma de Buenos Aires y Conurbano Bonaerense) cuya población se estima en13 millones de personas, lo cual equivale al 33% de la población total.

Con una población mucho menor, le siguen en magnitud las provincias vecinas de Córdoba y Santa Fe y la Ciudad de Buenos Aires con poblaciones en torno a los 3 millones.

En total, el 60% de la población está concentrada en una región integrada por las tres provincias (Buenos Aires, Córdoba, Santa Fe) y la Ciudad de Buenos Aires, en una superficie que no alcanza el 22% del total del país.

En Argentina existen 2.171 municipios con un promedio de 17.173 habitantes por municipio. La provincia que más municipios tiene es Córdoba con 428, seguida por Santa Fe con 363, Entre Ríos con 265 y Provincia de Buenos Aires con 134.

Sólo 12 Municipios tienen más de 500.000 habitantes (Censo 2010) y reúnen 11.733.356 habitantes, lo que representa el 29,24% de la población del país.

A los efectos de nuestro análisis, la situación no ha variado demasiado desde el censo anterior, pues según datos de la Subsecretaría de Asuntos Municipales al día 22 de enero de 2002 existían en el país 2.157 municipios. De acuerdo a su población, los podemos dividir de la siguiente manera:

a) Municipios con menos de 7.500 habitantes: 1700;

b) Municipios con 7.501 a 15.000 habitantes: 175;

c) Municipios con 15.001 a 30.000 habitantes: 130;

d) Municipios con 30.001 a 60.000 habitantes: 68;

e) Municipios con más de 60.001 habitantes: 84.

Por el contrario, se observa un cambio sustancial en la composición de los entes locales en Argentina desde 1960 a la actualidad. Según datos del Censo Nacional de Población y Vivienda de 1980, un simple cálculo denota un incremento mayor al 80%, indicando una contradictoria tendencia a contramano del desarrollo municipal mundial. Además, para consolidar el minifundismo argentino, el incremento de municipios se produjo en el escalón de menos habitantes dado que en 1960 había 1.048 municipios menores 9.999 habitantes y según datos actualizados 1.700 de 2.157 poseen menos de 7.500 pobladores.[41]

La provincia de Santa Fe está organizada en municipios de primera categoría (aquellos que poseen más de 200.000 habitantes), municipios de segunda categoría (aquellos que poseen desde 10.000 a 200.000 habitantes) y comunas. Podemos dividir estas últimas en comunas gobernadas por comisiones comunales de 5 miembros y que poseen entre 1.500 y 9.999 habitantes, y comunas gobernadas por comisiones comunales de 3 miembros y que poseen entre 0 y 1.499 habitantes. Actualmente existen 50 municipios y 312 comunas. Todos ellos son considerados y abarcados por el término "entes locales" en el sentido que la palabra tiene en el derecho español.

El minifundismo que invocamos a nivel nacional se repite a nivel provincial y ello se refleja en que 17 municipios mayores de 30.000 habitantes reúnen 1.747.505 habitantes los que significa un 58,20% de la población en un 5% de las ciudades. El resto de los habitantes santafesinos se distribuyen entre 345 municipios y comunas.

El Papel Atribuido por la Ley

En un sistema federal como el que nuestra Constitución consagra formalmente, la operatividad de cualquier tipo de competencia debería responder a los principios ordenadores propios del sistema a los que ya hicimos referencia (coordinación, cooperación y colaboración); a pesar de ello el desorden competencial que atraviesa nuestro país y el apremiante problema de

---

[41]   Rosatti, Horacio Daniel, *Tratado de Derecho Municipal*, Ed. Rubinzal Culzoni, Santa Fe, 1991, Tomo 3, p. 261.

la distribución de recursos públicos que luego abordaremos, hacen que muchas veces los principios sean reemplazados por otras alternativas, generalmente en pugna con el federalismo que nuestra Constitución consagra.

Entre las alternativas más comunes, nos encontramos con el desplazamiento o la "movilidad" de competencia hacia el sector más débil, lo que trae aparejado el deslinde de responsabilidades y su atribución de hecho a otro sujeto estatal.

Este asiduo desplazamiento de competencia en contradicción con el sistema federal hace necesario precisar, con la mayor certeza posible, qué es lo que debe hacer cada uno de los niveles estatales involucrados en el sistema de Protección Integral.

En este orden de ideas, el Artículo 30 de la Ley 12.967 nos brinda las bases de la intervención de los entes locales en la operatividad y ejecución de la ley de protección de derechos de niños, niñas y adolescentes:

> Las Autoridades Administrativas de Promoción y Protección de Derechos del Ámbito Local son las áreas responsables de desarrollar planes y programas de promoción y protección de derechos de la Niñez, en el ámbito territorial de los Municipios y Comunas de la Provincia.

En primer lugar, es necesario destacar –y luego ampliaremos en las próximas líneas– un hecho que agrava el desplazamiento de competencia al que hicimos alusión, como es la creación por parte del nivel estatal provincial de un órgano dentro de la jurisdicción municipal o comunal, como son "las Autoridades Administrativas de Promoción y Protección de Derechos del Ámbito Local". Independientemente de la autonomía o autarquía sobre la que se edifica el sistema municipal santafesino,

la creación de un órgano de estas características creemos que excede las facultades del nivel provincial y se
encuentra en pugna con el Artículo 2 de la Ley 2.756.[42]

Como segunda cuestión a dilucidar, debemos determinar a qué se refiere el legislador cuando habla de "lo
local", pues esta expresión es utilizada indistintamente
para referirse al ámbito provincial o el municipal o comunal. En nuestro caso, y teniendo en cuenta un análisis
integral de la legislación bajo análisis, cada vez que se
menciona lo "local" se está refiriendo al nivel estatal
municipal y comunal.

Siguiendo con el análisis de la citada parte del artículo, surge la obligación de desarrollar planes y programas, entendiendo por nuestra parte que el empleo
del término "desarrollar" debe ser interpretado, como
ejecutar lo que alguien distinto (Nación o Provincia)
crea, planifica o pone en vigencia.

Es preciso que el Artículo 30 se conjugue con lo
establecido en el Artículo 5 de la Ley 12.967 cuando
establece:

> Políticas públicas integrales. Objetivos. Son aquellas con-
> formadas por el conjunto de lineamientos y formulaciones
> explícitas que, emanadas del Gobierno de la Provincia.

Claramente surge que el sujeto del que emana la
política pública, los lineamientos o las formulaciones,
es el gobierno provincial.

El párrafo siguiente del Artículo 30 refuerza lo sos-
tenido, sobre la atribución al sujeto provincial de la
competencia, al expresar que:

---

[42]   Las Municipalidades son independientes de todo otro poder en
el ejercicio de las funciones que le son propias.

Corresponde a este nivel (las Autoridades Administrativas de Promoción y Protección de Derechos del Ámbito Local) intervenir en las situaciones de urgencia y en todas las situaciones de amenaza o vulneración de derechos a niñas, niños y adolescentes, así como desarrollar programas y actividades de promoción de derechos.

Si un sujeto, en este caso las Autoridades Administrativas de Promoción y Protección de Derechos del Ámbito Local, es autorizado a intervenir por la ley en forma expresa en situaciones de urgencia, amenaza o vulneración, podemos concluir que necesita permisión legal para participar en un asunto determinado y ello ocurre por la sencilla razón que el sujeto autorizado no posee atribuida competencia para actuar en la cuestión ya que la misma pertenece a otro nivel estatal (en este caso el provincial o el nacional).

A los efectos de colocar la cuestión de fondo (protección de los derechos) ante la forma (actuación del órgano designado legalmente), opta por habilitar legislativamente en casos específicos (urgencia, amenaza o vulneración) a un nivel estatal distinto del que detenta la competencia.

El ejemplo de técnica autorizatoria al que hemos referido lleva ínsito la aplicación del principio de subsidiariedad. Este principio junto a una de sus proyecciones, la proximidad, tiene fuerte influencia en el ordenamiento y en la prestación por parte de distintos niveles estatales de una determinada competencia.

Es pertinente acudir a la Unión Europea, para analizar el desarrollo que la relación entre competencia, subsidiariedad y proximidad, ha tenido, y más precisamente, relacionado con los entes locales (para nosotros municipios y comunas).

La Carta Europea de la Autonomía Local establece en el Artículo 4, párrafo 3 al decir: "El ejercicio de las responsabilidades públicas debe, de modo general, incumbir preferentemente a las autoridades más cercanas a los ciudadanos". El párrafo 2 agrega: "Las corporaciones locales tienen, dentro del ámbito de la ley, libertad plena para ejercer su iniciativa en toda materia que no esté excluida de su competencia o atribuida a otra autoridad".

> Como señala Javier Barnes, la subsidiariedad es, ante todo, un método, un criterio formal para legitimar el ejercicio de competencias no exclusivas ya asignadas con carácter previo [...] del que no se deriva un resultado eterno, sino variable o en movimiento, según las circunstancias de lugar y tiempo. Es, por consiguiente, un principio dinámico.[43]

El tratamiento brindado se nota inclusive en el Preámbulo del Tratado de la Unión Europea, consagrando el principio de subsidiariedad:

> Resueltos a terminar el proceso de creación de una unión cada vez más estrecha entre los pueblos de Europa, en la que las decisiones se tomen de la forma más próxima a los ciudadanos, de acuerdo con el principio de subsidiariedad.

No es posible ni lógico iniciar un proceso de reforma legislativa –en nuestro caso incluso Constitucional– cada vez que se decide un cambio de rumbo en una política pública determinada. Por otra parte la descentralización de funciones tal cual la conocemos –unilateral y sin asignación de recursos públicos para financiarla– no es buen remedio a los problemas, por el contrario termina

---

[43] Iglesias Martín, Antonio, *Autonomía municipal, descentralización política e integración europea de las entidades locales*, Ed. Ariel Derecho, Barcelona, 2002, p. 269.

agravando el problema que intenta solucionar. Por ello acudir a un principio dinámico como la subsidiariedad y conjugarlo con el de proximidad, permite flexibilizar la rigidez legislativa que en ocasiones opera como obstáculo a la materialización del derecho que consagra.

El Artículo 5 del Tratado Constitutivo de la Unión Europea expresa:

> En los ámbitos que no sean de su competencia exclusiva, la Comunidad intervendrá conforme al principio de subsidiariedad, sólo en la medida en que los objetivos de la acción pretendida no puedan ser alcanzados de manera suficiente por los Estados miembros y, por consiguiente, puedan lograrse mejor, debido a la dimensión o a los efectos de la acción contemplada, en el ámbito comunitario.

La proximidad en el principio de subsidiariedad debe ir necesariamente acompañada –para no desvirtuar la naturaleza del mismo–, de una mayor eficiencia en el ejercicio de la competencia ajena.

> En cualquier caso, como advierte Javier Barnes, el principio de subsidiariedad no constituye un título atributivo de nuevas competencias o un criterio de asignación, sino la regulación o graduación de las ya atribuidas, por lo que su aplicación dependerá de cada política sectorial. Aplicado en el marco de la Comunidad, el principio de subsidiariedad implica que los estados miembros conservan las competencias que están en condiciones de gestionar más eficazmente por sí mismos y a la Comunidad corresponden los poderes que no pueden ejercer de manera satisfactoria.[44]

---

[44]   Iglesias Martín, Antonio, *op. cit.*, p. 274.

Adaptando lo dicho a nuestro análisis, como desearíamos que funcione en materia de niños, niñas y adolescentes lo reseñado en las líneas pasadas:

1. Nación y Provincia son los sujetos obligados legalmente a satisfacer las obligaciones que surgen del sistema integral de protección;
2. Ambos deben relevar los niveles de protección de los intereses de niños, niñas y adolescentes en todo el territorio nacional;
3. Diseñar las políticas públicas que crean convenientes para asegurar la protección integral;
4. Relevada la necesidad y diseñada la acción pública, deberán desplegarse las relaciones propias del régimen federal (colaboración, cooperación y coordinación) entre los todos los niveles intervinientes (Nación, Provincias y Entes Locales);
5. Desarrollo del principio de subsidiariedad a favor de los entes locales, para que –como sujetos más próximos al problema– sean los encargados de interactuar con el niño, niña o adolescente, ejecutando las políticas públicas que han diseñado Nación y Provincia.

Creemos que el papel atribuido a los municipios, es esencial y determina el éxito o fracaso del sistema de protección. Subsidiariedad y proximidad no implican desplazamiento de la competencia y de la responsabilidad que ella trae aparejada; muy por el contrario su contenido, extensión y alcances están vinculados a la cooperación entre los distintos niveles estatales para una adecuada, eficiente, económica y eficaz satisfacción del sistema de protección integral.

Los Equipos Interdisciplinarios

Evidentemente la cuestión de los niños, niñas y adolescentes es compleja, necesitando en consecuencia un abordaje interdisciplinario. En ese afán, la Ley 12.967 se vuelve a inmiscuir en los municipios y comunas y como lo hiciera con las Autoridades Administrativas de Promoción y Protección de Derechos del Ámbito Local (AAPPD), dispone que las AAPPD deberán contar con "equipos interdisciplinarios", constituyendo desde nuestra óptica una nueva vulneración al Artículo 2 de la Ley 2.756, como así también a sus normas concordantes y correlativas.

Entendemos que la intención de legislador fue dotar de herramientas que permitan instrumentar desde su base el sistema de protección, mediante la cooperación con la prestación competencial por parte de los entes locales. A su vez la idea de interdisciplinariedad está dirigida a que esa intervención de los entes locales sea eficiente y eficaz.

Estos equipos reafirman la importancia que en el sistema de protección integral poseen los municipios y comunas santafesinos, y tienen a su cargo nada menos que la actuación en el terreno y en la realidad misma, sobre el niño, niña o adolescente. Esta tarea, encargada a estos equipos que dependen de los entes locales, es determinante en la edificación, sostenimiento y garantía del sistema de protección integral.

Ahora bien, como ya estamos acostumbrados en el derecho argentino "no todo lo que brilla es oro", y si bien el objetivo primigenio de los equipos interdisciplinarios nos parece loable, fundamental y esencial para todo el andamiaje protector de los interesas de los niños, niñas y adolescentes, creemos que la forma en que se han insertado estos equipos en el sistema de protección no es la apropiada.

Decimos esto pues, como empieza a vislumbrarse en la última parte del Artículo 30 de la Ley 12.967,[45] la articulación de las políticas públicas destinadas a implementar el sistema de promoción y protección de los derechos de los niños, niñas y adolescentes y los "equipos interdisciplinarios" necesita un correlato, y ese correlato lo constituyen los "recursos para financiar el sistema de protección y promoción de derechos".

Nada extraño sonará que afirmemos que la asignación de recursos (asistencia financiera según la norma) termina condicionando el fin primero de la legislación; pues como normalmente ocurre en nuestro país la pretensión de articular políticas públicas sin asignar previamente recursos es moneda corriente, que invariablemente contribuye a provocar un naufragio más en el extenso mar de las consagraciones formales sin materialización en la realidad.

Creemos que la técnica legislativa utilizada por la ley al referirse a los servicios locales y a los equipos

---

[45] Se propenderá a que en cada municipio o comuna la Autoridad de Aplicación establezca órganos descentralizados denominados Servicios Locales de Promoción y Protección de Derechos los cuales pueden depender de la provincia o de gestiones conjuntas a partir de la celebración de convenios con municipalidades o comunas. Los Servicios Locales de Promoción y Protección de Derechos son unidades técnico operativas con una o más sedes, desempeñando las funciones de facilitar que las niñas, niños y adolescentes que tengan amenazados o violados sus derechos, puedan acceder a los programas y planes disponibles en su comunidad.

interdisciplinarios brinda dudas, y deben ser objeto de interpretación.

Por un lado, el Artículo 30 utiliza la expresión "se propenderá" a la creación de los denominados Servicios Locales de Promoción y Protección de Derechos y, por otro lado, antes de ver si la acción de propender se concreta, le atribuye la ejecución de las medidas de protección integral, primera acción tendiente a hacer cesar la amenaza o la vulneración del derecho.[46]

> Se propenderá a que en cada municipio o comuna la Autoridad de Aplicación establezca órganos descentralizados denominados Servicios Locales de Promoción y Protección de Derechos los cuales pueden depender de la provincia o de gestiones conjuntas a partir de la celebración de convenios con municipalidades o comunas. Los Servicios Locales de Promoción y Protección de Derechos son unidades técnico operativas con una o más sedes, desempeñando las funciones de facilitar que las niñas, niños y adolescentes que tengan amenazados o violados sus derechos, puedan acceder a los programas y planes disponibles en su comunidad.

Es apropiada la referencia a la gestión o a la cogestión de la función, y más aun la institucionalización del convenio entre niveles estatales para cumplir una función determinada; pero la descentralización deseada no se ha materializado, y de ella depende nada menos que la ejecución de las medidas de protección integral.

La ausencia de implementación de mecanismos que materialicen la descentralización que necesita la norma analizada, subordina el cumplimiento efectivo de la ley

---

[46] "Los Servicios Locales de Promoción y Protección de Derechos deben contar con equipos profesionales interdisciplinarios, los que se encargan de adoptar y aplicar las medidas de protección integral."

a la decisión unilateral de los municipios de contar o no con el área que la ley necesita para cumplir con los objetivos planteados, lo que trae como consecuencia la desigualdad de cumplimiento de la ley recibe según el municipio o la comuna de que se trate.

Surge del texto legal, tal cual lo reflejamos, que los equipos interdisciplinarios son un eslabón indispensable, una condición sine qua non para que el sistema de protección integral se implemente. Pero la acción legislada es la de propender a la creación, o sea una acción diferida hacia el futuro; por el contrario el sistema de protección integral, tiene vigencia en el presente.

Por lo dicho, nos preguntamos: si los equipos interdisciplinarios son fundamentales para el cambio de paradigma y el sistema de protección se edifica sobre ellos: ¿qué pasa con el sistema de protección integral ante la no creación de los equipos interdisciplinarios en los 362 municipios y comunas santafesinos?

A pesar de las bondades que reconocemos en el cambio de mirada sobre el tema que tratamos y la necesidad de contar con equipos interdisciplinarios, nos ofrece reparos la creación manu militari de equipos interdisciplinarios en los municipios y comunas santafesinos, ya que pensamos que esta cuestión afecta la garantía de independencia consagrada en el Artículo 2 de la Ley Orgánica de Municipios 2.756.

> Las Municipalidades son independientes de todo otro poder en el ejercicio de las funciones que le son propias, forman sus rentas, pudiendo establecer impuestos, tasas, derechos o contribuciones, sobre los ramos y materias que se determinen, administran libremente sus bienes y sus miembros solo responden ante los magistrados del Poder Judicial en los casos de malversación, extralimitación de sus atribuciones y demás actos reputados culpables.

Por otra parte, creemos que se coloca sobre los municipios y comunas una pesada obligación legal, como es la de incrementar la estructura administrativa sin previo análisis de la factibilidad económica, financiera, de recursos humanos disponibles, etc.

Somos fervientes defensores de la descentralización en todas sus formas y modalidades; creemos que la misma puede asentarse en el principio de subsidiariedad, manteniendo la convicción de que quien está más próximo al problema mejor puede instrumentar la solución al mismo, ello debe ser producto de un adecuado consenso que permita la interacción de acciones de muy difícil conjugación en el ámbito estatal argentino como son: cooperación, coordinación y planificación.

La Financiación del Sistema de Protección y Promoción de Derechos

Nada descubrimos al decir que sin recursos públicos no existe política pública que pueda ejecutarse y, por ello, debemos hacer una pequeña referencia a quien debe financiar el sistema de protección establecido por la Ley 12.967.

> Adoptar y aplicar las medidas de protección integral con la asistencia técnico-financiera de la Nación de acuerdo a lo establecido por la Ley 26.061 y la asistencia técnico-financiera y supervisión de la Provincia.

Del texto de la norma se desprende la obligación de asistencia financiera de la Nación y la Provincia a los efectos de implementar el sistema de protección de derechos del niño, niña y adolescentes. Ahora bien, como ya hemos dicho, no existe la competencia perfecta (atribuida y ejecutada por un solo nivel estatal) y tampoco existe la competencia con financiación única; ello nos obliga a analizar que ocurre con los recursos públicos en nuestro país.

El cambio en marcha requiere, necesariamente, de fondos que aseguren que los programas sociales reemplacen el viejo recurso de la intervención judicial con derivación a un instituto. Pero, como advierte también Lerner, es tan importante asegurarse las partidas necesarias para aplicar esas políticas públicas, como invertir "en una intervención con enfoque de derechos, y no tutelar".

> Rivera Pizarro, delegado de UNICEF en Argentina, recuerda que la ley establece la asignación de fondos específicos y considera que la reglamentación es clave para que estos cambios se tornen factibles. "No hay política pública que no sea una asignación específica de recursos. Es necesario –según UNICEF– redireccionar algunos de ellos que están sirviendo a atender las prácticas sociales de las viejas instituciones, para que puedan atender las prácticas sociales nuevas".[47]

Es que si la obligación de financiación es compartida por ambos niveles, debemos determinar quién y en qué porcentaje, desarrolla y ejecuta políticas públicas, y en consecuencia con qué recursos públicos debe contar, pues a partir de la reforma constitucional de 1994 y la incorporación del Inc. 2 del Artículo 75, la distribución de recursos se debe realizar en relación directa a los

---

[47]   http://www.periodismosocial.org.ar/area_infancia_informes_re-cuadros.cfm?ar=33&cid=157&rid=2264

servicios, competencias y funciones que cada nivel estatal presta en forma efectiva.[48]

Como ya anticipáramos, no existe duda sobre la pertenencia provincial (Artículo 23 de la Constitución Provincial) de la competencia en materia de niñez. Ello implica una responsabilidad provincial en la prestación del contenido competencial atribuido y por otra parte, un derecho a contar con los fondos necesarios para la financiación de esa competencia.

Todo lo dicho se encuadra dentro de nuestro régimen federal de gobierno y más específicamente en el sistema de coparticipación de recursos públicos, mecanismo de coordinación financiera constitucionalizado a partir de la reforma de 1994 destinado a instaurar la solidaridad y equidad en la distribución de los recursos públicos, debiendo utilizarse estos recursos dando prioridad: "al logro de un grado equivalente de desarrollo, calidad de vida e igualdad de oportunidades en todo el territorio nacional" (Artículo 75 Inc. 2 párrafo tercero in fine).

Partiendo del último sistema de reparto válido –Ley 23.548– plantearemos el problema de la distribución de recursos públicos. Supongamos que un contribuyente de cualquier municipio de la Provincia de Santa Fe abona en concepto de impuestos a las ganancias la suma de $1.000. Esos ingresos tributarios, sufren detracciones de la masa total recaudada para poder llegar a la masa

---

[48]   Artículo 75. Corresponde al Congreso: Inc. 2. Párrafo tercero: La distribución entre la Nación, las provincias y la ciudad de Buenos Aires y entre éstas, se efectuará en relación directa a las competencias, servicios y funciones de cada una de ellas contemplando criterios objetivos de reparto; será equitativa, solidaria y dará prioridad al logro de un grado equivalente de desarrollo, calidad de vida e igualdad de oportunidades en todo el territorio nacional.

de coparticipación neta a distribuir. Las detracciones comienzan con una de 580 millones que no consideraremos a los fines de este ejemplo, pero que efectivamente se produce. El 20% de lo recaudado se destina al sistema de seguridad social, el 10% para provincia de Buenos Aires y el 4% a un fondo de provincias sin Buenos Aires. Esta primera detracción de la totalidad de la recaudación llega al 34%. Al 66% restante se le deduce el 2% destinado a Ayuda del Tesoro Nacional, el 64% sobrante pasa a integrar la masa de coparticipación bruta. De los $1.000 ingresados al fisco por el contribuyente de nuestro ejemplo, se le han detraído el 36%, pero esto no queda allí. El 64% que ingresa a la masa coparticipación bruta, sufre una nueva detracción, esta vez del 15% (sobre el 64% tomado como 100%) y destinado al sistema de seguridad social nacional; el resultado de la operación matemática antes descripta pasa a integrar la masa de coparticipación neta y sufre una nueva detracción, que es el descuento del 1% destinado a ATN; llegamos por fin a la cifra que se repartirá entre nación y provincias. Clarifiquemos lo dicho traduciendo en número el ejemplo brindado:

Un contribuyente ingresa por Impuestos a las Ganancias $1.000,00	Detracción	Saldo
Detracción 20% para Seg. Social Nacional	$200.00	$800.00
Detracción 10% Pcia. Bs.As.	$100.00	$700.00
Detracción 4% Pcias. Sin Bs. As.	$40.00	$660.00
Detracción 2% A.T.N.	$20.00	$640.00
Masa de Coparticipación Bruta		$640.00
Detracción 15% para Seg. Social Nacional	$96.00	$544.00
Masa de Coparticipación Bruta		$544.00
Detracción 1% A.T.N.	$5.44	$538.56
Masa a repartir entre Nación y Provincias		$538.56

Una vez que se producen todas las detracciones detalladas, la cifra que obtenemos como resultado se divide entre Nación y Provincias según los siguientes porcentajes: 42,34% para la nación y 54,66% para las provincias. Realizada esta distribución entra a regir el coeficiente de reparto establecido en la Ley de Coparticipación 23.548 (a los efectos de nuestro ejemplo nos referiremos solamente al coeficiente de Santa Fe que es el 9,28%).[49] El importe que surja de aplicar el coeficiente indicado al 54,66% de la masa de coparticipación neta, ingresa a las arcas de la provincia y se somete a un nuevo reparto de acuerdo a las pautas de coparticipación provinciales. Es necesario continuar con el ejemplo numérico iniciado anteriormente, partiendo de la cifra resultante de las detracciones detalladas:

Masa a repartir entre Nación y Provincias	$538.56
42,05% para la Nación	$226.46
57,95% para las Provincias	$312.09
Coeficiente para la Prov. de Santa Fe (9,28%) *$28.96*	

De cada $1.000 que aporta el contribuyente santafesino en concepto de impuesto a las ganancias, su provincia recibe $28,96. Ello implica que el 91,04% de los

---

[49]   Artículo 4° - Ley 23.548: La distribución del Monto que resulte por aplicación del Artículo 3, inciso b) se efectuará entre las provincias adheridas de acuerdo con los siguientes porcentajes: Buenos Aires 19,93%, Catamarca 2,86%, Córdoba 9,22%, Corrientes 3,86%, Chaco 5,18%, Chubut 1,38%, Entre Ríos 5,07%, Formosa 3,78%, Jujuy 2,95%, La Pampa 1,95%, La Rioja 2,15%, Mendoza 4,33%, Misiones 3,43%, Neuquén 1,54%, Río Negro 2,62%, Salta 3,98%, San Juan 3,51%, San Luis 2,37%, Santa Cruz 1,38%, Santa Fe 9,28%, Santiago del Estero 4,29%, Tucumán 4,94%"

recursos públicos aportados no llegan a la provincia de
pertenencia del contribuyente en nombre de la equidad
y la solidaridad.

Teniendo en cuenta lo anterior y volviendo a sistema
de protección de la Ley 12.967, debemos preguntarnos:
¿es posible que la provincia financie el sistema de protección de derechos de niños, niñas y adolescentes con
el esquema de distribución de recursos que repasamos
más arriba? La respuesta es obvia: no. Y queremos citar a
Jorge Luis Borges cuando dice: "Hay verdades tan claras
que para verlas nos basta abrir los ojos".[50]

Este análisis revelador en cuanto a los porcentajes
que se pierden en el camino en el tránsito de los recursos
públicos, está realizado sobre la suma de $1.000, po-
dríamos decir que es un análisis micro. La pregunta que
debemos hacernos para tomar magnitud del problema
es cómo se traslada la ecuación realizada a la totalidad
de la masa de recursos tributarios nacionales que son
coparticipables.

Recaudación de Recursos Tributarios Nacionales (NOV 2013)[51]:	$782.772 mill.
Recaudación de Impuestos Nacionales (NOV 2013):	$498,135 mill.
Coparticipación Federal para Santa Fe (17/12/2013)[52]:	**$14.560 mill.**

---

[50]   Paglietta, Darío Omar, *Distribución de Recursos Estatales. La-
mentos, tribulaciones y ocasos de un sistema injusto*, Ed. Nova
Tesis, Rosario, 2005, p. 28 y s.s.

[51]   Evolución del resultado de la administración nacional, Base
devengado, acumulado a Noviembre de 2013, (información
incluida hasta el 30/11/2013) http://www.mecon.gov.ar/onp/
html/ejecu_Mensual/archivos/

[52]   http://www.comfedim.gov.ar/

La provincia de Santa Fe recibió el 2,92% de los recursos tributarios de la Nación. Debe tenerse muy presente que estamos hablando de la tercera jurisdicción en importancia y ante ello nos preguntamos: ¿es posible financiar competencias provinciales esenciales como el Sistema de Protección Integral de Derechos de Niños, Niñas y Adolescentes con este nivel de descentralización en los recursos públicos?

Los datos brindados son obtenidos sobre la base de la aplicación de la Ley 23.548, que ha recibido y sigue recibiendo severos cuestionamientos, sobre todo a partir de la reforma constitucional de 1994 en donde el constituyente reformista dejó claramente establecido la necesidad de un nuevo régimen de coparticipación basado en las pautas brindadas por el Artículo 75 Inc. 2 y que debía dictarse antes de diciembre de 1996. Evidentemente todavía seguimos esperando que los legisladores nacionales cumplan con la Constitución y pongan en vigencia el nuevo sistema de coparticipación que derogue, de una vez por todas, el inconstitucional, ilegítimo e injusto sistema distribuidor establecido por la Ley 23.548. Hasta que ese trascendental hecho no se produzca la distribución de recursos seguirá transitando el camino repasado y colocando a las provincias en situación desfavorable para cumplir con las competencias que se han reservado.

Es evidente que los guarismos brindados son determinantes para concluir que la "apropiación" que el nivel estatal nacional realiza de los recursos, impide la financiación de las competencias provinciales, dentro de las que se incluye al sistema de protección integral (entre otras tantas). Por ello es imprescindible que la Nación asuma la financiación del sistema integral de protección de acuerdo a la implementación y diseño que cada provincia haya realizado para cumplir con la C.I.D.N.

Hasta que ese vital financiamiento no se produzca, el Artículo 8 de la Ley 12.967, que consagra el llamado Principio de Efectividad, no podrá materializarse. Dice la norma citada que:

> Los Organismos del Estado deben adoptar todas las medidas administrativas, legislativas, judiciales y de otra índole, para garantizar el efectivo cumplimiento de los derechos reconocidos en esta ley y en todo el ordenamiento jurídico nacional, provincial, municipal y comunal.

Es esencial la consagración de este principio en el ámbito de la Ley 12.967, para lograr la instrumentación de los equipos interdisciplinarios que han recibido institucionalización normativa por parte de la legislación provincial. La importancia de esos equipos en la aplicación de la ley y en la protección de los derechos amenazados o vulnerados es superlativa.

Es necesario –como en todo sistema federal– extremar las relaciones de cooperación, coordinación y colaboración, abandonando cualquier vestigio de imposición del nivel provincial a los entes locales por más bien intencionado que éste sea.

Es imprescindible acompañar la acción pública con los recursos públicos necesarios para financiar la finalidad perseguida. Recordemos que por propia definición de la ley como ya hemos visto, estamos ante una competencia nacional y provincial. Además, desde 1994 y la reforma al Artículo 75 Inc. 2 no podrá transferirse ninguna competencia, servicio o función sin la correspondiente asignación de recursos.

CAPÍTULO 5
LAS MEDIDAS DE PROTECCIÓN
INTEGRAL Y LAS EXCEPCIONALES

Tal vez la innovación más importante que la legislación ha introducido en la materia se refiere al otorgamiento de facultades expresas a los órganos que la ley establece para intervenir en caso de amenaza o vulneración del interés superior del niño, niña y adolescente. Nos referimos a las medidas de protección.

En efecto, la Ley 12.967 realiza la incorporación de dos institutos de sustancial importancia, principales y elementales herramientas del sistema instaurado para la protección de los derechos de niños, niñas y adolescentes. Estas herramientas constituyen una verdadera distribución de funciones con fuente normativa formal que la ley, fiel a su espíritu descentralizador, ha efectuado.

Las medidas de protección y las excepcionales están claramente motivadas en el deseo de obtener un sistema efectivo y rápido de protección de la infancia. En la formulación de los objetivos de las mismas, se expresa la intención de evitar, en la medida de lo posible, la separación de los niños de su entorno familiar.

La distribución de funciones a las que hicimos referencia demarca una diferencia subjetiva, colocando las medidas de protección en el ámbito de actuación de los Servicios Locales de Promoción y Protección de Derechos y de los equipos interdisciplinarios, dejando reservada la utilización de las medidas excepcionales a la Subsecretaría de los Derechos de la Niñez, Adolescencia y Familia, la Dirección Provincial de Promoción de los Derechos de la Niñez, Adolescencia y Familia y las Delegaciones Regionales.

Las Medidas de Protección Integral[53]

El Artículo 53 define las medidas de protección,[54] y por exclusión a las medidas excepcionales, pero con una técnica legislativa deficiente según nuestro punto de vista. El primer párrafo señala que:

> Son aquéllas que deben ser adoptadas y aplicadas por la autoridad administrativa de promoción y protección competente ante la amenaza o violación de los derechos o garantías

---

[53] Nos quedan algunos interrogantes: ¿no resultan estas medidas administrativas una herramienta desproporcionada de poder y con un control de legalidad muy remoto? ¿Puede el estado ingresar en la familia, sin dar antes cuenta (probar sumariamente) la urgencia y la necesidad de intervención? ¿No es un avasallamiento ilegítimo de la potestad familiar sobre los hijos y el principio de subsidiariedad? Por último, el decreto de medidas de protección sin control jurisdiccional previo ¿no infringe además el Art. 18 de la CN? Es que parece peligroso que la familia tenga que sufrir medidas de protección sin defensa en juicio, más cuando éstas no revistan urgencia. Basset, Úrsula C., *op. cit.*, p. 2.

[54] Prioritariamente, deben consistir en medidas que tengan por finalidad la preservación y el fortalecimiento de los vínculos familiares con relación a las niñas, niños y adolescentes; y, en cuanto la amenaza o violación de derechos sean consecuencia de necesidades básicas insatisfechas, carencias o dificultades materiales, económicas, laborales o de vivienda, a su inclusión en programas dirigidos a brindar ayuda y apoyo incluso económico, con miras al mantenimiento y fortalecimiento de los vínculos familiares. Kielmanovich Jorge L., Revista La Ley, Buenos Aires, 2005, tomo F, p. 987.

de una o varias niñas, niños o adolescentes individualmente considerados, para preservar o restituir a los mismos el goce y ejercicio de los derechos amenazados o vulnerados o la reparación de sus consecuencias.

Las medidas excepcionales, a las que luego nos referiremos, también tienen por objeto preservar y restituir a los niños, niñas y adolescentes los derechos amenazados o violados y por ello no parecería haber diferencia entre ambas si tomamos la letra del artículo citado.

De todas maneras la diferencia entre una y otra la constituye la exclusión del hogar o centro de vida y de allí la excepcionalidad, pues debemos recordar que es intención expresa del legislador extremar todos los recursos para que la restitución y preservación se produzca en la familia nuclear, ampliada o afectiva y, excepcionalmente, separarlo o excluirlo del mismo.

El penúltimo párrafo del artículo abona la distinción que efectuáramos, ya que define a las medidas excepcionales y las caracteriza por la sola exclusión, compartiendo con las medidas de protección la presencia de amenaza o vulneración de los derechos. Dice la parte referenciada del Artículo 53:

> En ningún caso estas medidas pueden consistir en la separación de su familia nuclear, ampliada o con quienes mantenga lazos afectivos, a excepción de aquellas situaciones en que la permanencia en su medio familiar implique una amenaza o vulneración de sus derechos; debiendo en esta circunstancia adoptarse medidas de protección excepcional.

El comienzo de las obligaciones, con la obvia generación de responsabilidad, de los municipios y comunas santafesinos en la implementación de la Ley 12.967 comienza procesalmente hablando en la letra del

Artículo 56 cuando realiza una descripción y atribución de funciones a realizarse a partir de un hecho decisivo que la ley denomina "conocimiento de situación de vulneración" y a la que puede llegarse directamente por propio conocimiento o indirectamente por derivación de la situación por parte de los organismos provinciales competentes.

> Una vez que el Servicio de Promoción y Protección de Derechos tome conocimiento de la situación de vulneración de derechos se debe dar intervención a los equipos interdisciplinarios, de actuación en ese ámbito territorial a los fines de relevar la situación y diseñar la estrategia de abordaje de la problemática.

Otra carencia de la legislación es la mención en el primer párrafo sólo de la palabra vulneración, cuando durante todo el texto legal se refirió, acertada y repetidamente, a la expresión "amenaza y vulneración". Esto nos coloca en la labor interpretativa del operador de la norma debiendo hacer extensiva las atribuciones que el artículo otorgar también a los casos de amenaza y no sólo en los casos de vulneración como marca la ley.

Líneas atrás remarcábamos la importancia de los equipos interdisciplinarios en la operatividad del Sistema de Protección Integral, a partir de la normativa procesal referida a las medidas de protección, encontramos fundamento a esa afirmación.

> El equipo interdisciplinario del Servicio debe mantener con la niña, niño o adolescente una entrevista personalizada en un ámbito adecuado a la edad y etapa evolutiva de la niña, niño o adolescente, respetando al máximo los derechos previstos en la presente ley. Debe citar a los familiares, representantes, responsables o allegados involucrados de la niña, niño o adolescente, a una entrevista con el equipo

interdisciplinario del Servicio. En dicha entrevista se debe poner en conocimiento de los familiares o responsables la petición efectuada, la forma de funcionamiento del Sistema de Promoción y Protección de Derechos, los programas existentes para dar solución a la problemática planteada y su forma de ejecución, los resultados esperados, los derechos de los que goza la niña, niño o adolescente, el plan de seguimiento y el carácter consensuado de la decisión que se adopte.

El desempeño de esta función, a partir del anoticiamiento del hecho que reciba el servicio local, en forma eficaz, eficiente y oportunamente implicará que el sistema de protección cumpla con los objetivos determinados en la legislación; de allí la importancia de la actuación de los equipos interdisciplinarios y de la necesidad de que su creación legal, tenga posibilidad cierta de materializarse en la realidad municipal y comunal santafesina.

Tal cual lo venimos remarcando, es tanta la importancia de los equipos interdisciplinarios que su dictamen significa el fundamento y la motivación de la autoridad de aplicación, como también prueba necesaria para la adopción de la medida más extrema contemplada por la ley, la medida excepcional.

> Con el dictamen del equipo interdisciplinario, el Servicio de Promoción y Protección de Derechos local o la autoridad administrativa del ámbito regional o la Autoridad de Aplicación provincial adoptan todas las medidas de protección que dispone la presente ley, lo que debe ser debidamente documentado por los organismos intervinientes, constituyéndose así en prueba necesaria para la probable adopción de medidas de protección excepcionales. El procedimiento es escrito y breve, con participación activa de la niña, niño o adolescente, su familia nuclear o ampliada o sus representantes o responsables.

Creemos que la inclusión de la palabra "dictamen" no es adecuada, pues ella está asociada a un sentido demasiado jurídico para la materia en la que debe aplicarse la legislación; y por otra parte la fuente provincial de la norma nos colocaría en el cumplimiento del Decreto Nº 132/94 respecto a las formalidades extrínsecas e intrínsecas de los dictámenes, cuestión poco propicia y menos aun aconsejable en la materia, sería más oportuno brindar la expresión dictamen el sentido de informe circunstanciado, psicosocial, etc., siempre alejándolo del contenido jurídico de la palabra dictamen y acercándolo a la constancia documentada de la amenaza o vulneración efectuado por profesionales, generalmente ajenos al derecho.

Las Medidas Excepcionales

La medida excepcional en el ámbito de la Ley 12.967 es tal vez el instituto más controvertido; tanto por su regulación y aplicación como por la consecuencia directa que el legislador le ha atribuido: la exclusión del menor de su familia o centro de vida.

Queremos hacer una rápida aclaración antes de desarrollar el tema sobre el que abundaremos en las próximas líneas. El objetivo de la ley es la protección del interés superior del niño; del espíritu de la ley se desprende que el primer responsable es la familia y como consecuencia de ello la medida más resonante que establece la legislación es excluir al menor de su familia (nuclear, ampliada, afectiva, etc.).

Si bien es cierto que en algunos casos esta decisión está plenamente justificada y cumple con la finalidad que la legislación le atribuyó, creemos que junto a la casuística que marca la ley, tendría que permitirse la exclusión de la familia de quien amenaza o vulnera el interés superior del niño.

No se desprende del Artículo 51 esta posibilidad, y si bien por vía interpretativa podría adoptarse esta decisión, la que sería coherente con la protección del interés superior del niño, niña y adolescente, creemos necesario su contemplación expresa.

Las estadísticas en la materia son alarmantes y plenamente conocidas, acerca de la pertenencia del sujeto que amenaza o vulnera, a la familia nuclear o ampliada del niño, niña o adolescente. Por ello creemos que se ha perdido una importante oportunidad de cumplir acabadamente con el espíritu que inspira el sistema integral de protección.

Un estudio realizado entre 1992 y 2000 por un equipo de profesionales del Hospital de Niños de La Plata arrojó resultados francamente alarmantes. Durante esos ocho años, de 592 consultas se confirmaron 420 casos de abuso sexual infantil (publicado en La Nación, 28 de noviembre de 2004). Como edad máxima del abuso se registró la de una adolescente de 17 años; como mínima, la de una niña de 3 meses y 16 días.

El trabajo destacó, además, que la edad promedio del agresor era de 27 años, mientras que la edad más frecuente del abusador era de 18 años. En cuanto al vínculo que ligaba a la víctima con el victimario, en el 64,4% de los casos el nexo era familiar y en el 19,43% la relación era extrafamiliar. Un 14,53% de los chicos afectados prefirió no decir si había vínculo; según los investigadores, se puede pensar que fueron familiares, lo cual aumentaría ese porcentaje.

El victimario más común es el padrastro, con un 18,6%. El padre fue denunciado en el 15,3%de los casos y los hechos fueron perpetrados por conocidos en el 11,32% (La Nación, 22 de noviembre de 2004- sección Opinión).[55]

Es cierto que podría acudirse a otra legislación (violencia familiar, etc.) para conseguir la exclusión de quien amenaza o vulnera, pero ello implica acudir a otro órgano estatal distinto al que la Ley 12.967 encomienda la protección, y también debe tenerse en cuenta que las situaciones fácticas contempladas son distintas en una y otra legislación.

> Las medidas de protección excepcional son aquellas medidas subsidiarias y temporales que importan la privación de la niña, niño o adolescente del medio familiar o de su centro de vida en el que se encuentra cuando el interés superior de éstos así lo requiera.

La redacción del párrafo anterior es correcta pero incompleta, pues como dijimos no contempla la posibilidad de que la autoridad de aplicación de la Ley excluya al que amenaza o vulnera cuando el interés superior de éstos así lo requiera.

> Tienen como objetivo la conservación o recuperación por parte del sujeto del pleno ejercicio y goce de sus derechos vulnerados y la reparación de sus consecuencias y sólo proceden cuando la aplicación de las medidas de protección integral resulten insuficientes o inadecuadas para su situación particular.

---

[55]   Tesone, Juan Eduardo; http://www.epamm.org/estadisticas. html. El autor es médico psiquiatra y psicoanalista, docente de la Universidad de París VI y de la UCES.

Creemos que la calificación de las medidas excepcionales como "subsidiarias" no impide que sean adoptadas incluso no habiendo realizado ninguna medida
de protección integral. Es que, según las circunstancias
de cada caso, cuando la única forma de amparar los
derechos de niños, niñas y adolescentes sea mediante
la exclusión del amenazado o vulnerado, o como hemos
manifestado en líneas anteriores excluyendo a quien
amenaza o vulnera esos derechos y garantías, la medida
excepcional debe tomarse sin demora.

> Estas medidas son limitadas en el tiempo, no pudiendo
> exceder de noventa días, plazo que debe quedar claramente
> consignado al adoptarse la medida y sólo se pueden prolon-
> gar con el debido control de legalidad, mientras persistan
> las causas que les dieron origen. Cumplido un año y medio
> desde la adopción de la medida la Subsecretaría de los
> Derechos de la Niñez, Adolescencia y Familia debe resolver
> definitivamente la medida.

Ante situaciones de la realidad con ribetes totalmente disimiles, la fijación de un plazo único, de orden
público y con prolongación limitada y condicionada,
significa un problema más que una protección contra
la exclusión de la familia. Si el legislador coloca la protección de los derechos del niño, niña y adolescentes
en manos del Poder Ejecutivo Provincial ante cualquier
supuesto de amenaza o vulneración del mismo, no parece lógico encorsetar su accionar en el tiempo, dejando a los funcionarios intervinientes ante una eventual
violación de una norma legal, cuando en la mayoría
de los casos los 90 días establecidos son notoriamente
insuficientes, incluso para la tramitación de la medida
excepcional. La intención de la norma (limitar la exclusión del amenazado o vulnerado fuera de la familia) se

ve obstaculizada por la fijación de un plazo uniforme
para todos los supuestos. Creemos que debería haberse
previsto el plazo de 90 días como orientativo y dejar
abierta la posibilidad de que una decisión fundada y
probada convenientemente puede extender la duración
de la medida excepcional.

> La Subsecretaría de los Derechos de la Niñez, Adolescen-
> cia y Familia, la Dirección Provincial de Promoción de los
> Derechos de la Niñez, Adolescencia y Familia y las Dele-
> gaciones Regionales son los organismos facultados para
> adoptar medidas de protección excepcionales con la debida
> fundamentación legal y posterior control de legalidad por
> la autoridad judicial competente en materia de familia.

La mención de los sujetos públicos como los le-
gitimados para adoptar este tipo de medidas debe ser
completada, con la referencia que ya hemos realizado
a la urgencia, con la autorización implícita que la ley
realiza a la autoridad local para adoptar la medida. Es
lógico que así sea, pues no podría entenderse que el
desarrollo de un procedimiento administrativo impida
la urgente protección del derecho amenazado o violado.

> Las medidas establecidas en el artículo anterior, se aplican
> conforme a los siguientes criterios:
> a) Permanencia temporal en ámbitos familiares conside-
> rados alternativos.
> Las medidas consisten en la búsqueda e individualización
> de las personas vinculadas a ellos a través de líneas de pa-
> rentesco por consanguinidad o por afinidad, o con otros
> miembros de la familia ampliada o de la comunidad, según
> costumbre local, en todos los casos teniendo en cuenta la
> opinión de las niñas, niños y adolescentes.
> b) Sólo en forma excepcional, subsidiaria y por el más breve
> lapso posible puede recurrirse a una forma convivencial
> alternativa a la de su grupo familiar, debiéndose propiciar,

a través de mecanismos rápidos y ágiles, el regreso de las niñas, niños y adolescentes a su grupo o medio familiar y comunitario. Al considerar las soluciones se debe prestar especial atención a la continuidad en la educación de las niñas, niños y adolescentes, y a su origen étnico, religioso, cultural y lingüístico.

c) Permanencia temporal en centros terapéuticos de salud mental o adicciones.

d) Las medidas se implementan bajo formas de intervención no sustitutivas del grupo familiar de origen, con el objeto de preservar la identidad familiar de las niñas, niños y adolescentes.

e) Las medidas de protección excepcional que se tomen con relación a grupos de hermanos deben preservar la convivencia de los mismos.

f) En ningún caso las medidas de protección excepcionales pueden consistir en privación de la libertad.

g) No podrá ser fundamento para la aplicación de una medida excepcional la falta de recursos económicos, físicos, de políticas o programas de la autoridad administrativa.

Lo dicho en los incisos a), b), d) y e) justifican y fundamentan aun más nuestra propuesta de exclusión del autor de la amenaza o vulneración y no del niño, niña o adolescente; el espíritu de la ley no admite objeción, y podría plantearse el siguiente nivel de prioridad en la decisión:

El niño, niña o adolescente amenazado o vulnerado permanecerá:

1. Con su familia nuclear
2. Con su familia ampliada o afectiva
3. Excepcionalmente fuera de la familia en sentido amplio

La exclusión del niño, niña o adolescente debe constituir la última alternativa, debiendo agotarse antes de ello todas las restantes, incluso la exclusión del que amenaza o vulnera los derechos protegidos por la ley.

Este espíritu es reafirmado en el Artículo 12, cuando en una apretada síntesis, surge claramente la intención legislativa –expresa y acertada– de que el niño, niña y adolescente tenga indisoluble vinculación a la familia, en el más amplio sentido que la ley le atribuye al vocablo (nuclear, ampliada, afectiva, etc.). De allí que la exclusión sea la excepción y de allí que sea necesario el desarrollo de mecanismos –dentro de la Ley 12.967– que permitan la exclusión del que amenaza o vulnera un derecho protegido por la ley.

> Todas las niñas, niños y adolescentes tienen derecho a vivir, ser criados y desarrollarse dentro de su grupo familiar de origen y con sus vínculos afectivos y comunitarios. Sólo excepcionalmente, y para los casos en que ello sea imposible, tendrán derecho a vivir, ser criados y desarrollarse en un grupo familiar alternativo, de conformidad con la ley. Se entiende por grupos familiares alternativos, la familia en todas sus modalidades, la adopción, las familias de la comunidad donde la niña, niño y adolescente reside habitualmente u otras familias. En toda situación de institucionalización del padre o la madre, los Organismos del Estado deben garantizar a las niñas, niños y adolescentes el vínculo y el contacto directo y permanente con aquéllos, siempre que no contraríe el interés superior del niño.

Como dijimos la medida excepcional de protección ocasiona varios inconvenientes en su aplicación, como también en su calificación, alcance y contenido. Creemos que toda EXCLUSIÓN del niño, niña o adolescentes de la familia nuclear, ampliada, afectiva, etc., o de su centro de vida ES UNA MEDIDA EXCEPCIONAL. Lo decimos porque se ha tratado de encuadrar algunas situaciones de menores en otras figuras que la ley no admite, (alojamiento del menor, e incluso la importación de algunas instituciones del derecho de familia etc.), si hay exclusión hay medida excepcional y si hay medida excepcional hay que llevar adelante el procedimiento que para las mismas establece la ley, sobre todo el control de legalidad de la medida en manos del poder judicial.

Además, debe dejarse expresamente aclarado que no es necesario el consentimiento de la familia para adoptar la medida; el interés superior del niño se encuentra por sobre la voluntad de los particulares, independientemente del lazo que lo una al menor. Si bien es cierto que podrá consensuarse la medida con la familia; si ese consenso no es posible, no se transforma en un obstáculo insalvable a la adopción de la medida.

Nos preguntamos, ¿tiene sentido requerir el consentimiento de que quien muchas veces es el que vulnera o amenaza? Si el interés superior del niño, niña y adolescente está en la cúspide del sistema de protección y se ha concluido que la única y última alternativa es la exclusión, nada debe impedir que se restablezca el bien jurídico protegido, ni siquiera la conformidad de la familia, término éste utilizado con la extensión y alcance ya consignado.

Una vez que el Servicio de Promoción y Protección de Derechos local, a través de sus equipos interdisciplinarios, determine que se han agotado o notablemente reducido sus posibilidades de intervención, a través de la aplicación de medidas de protección integral, y persista la situación de amenaza o vulneración de derechos de niñas, niños y adolescentes, puede solicitar fundadamente a la Autoridad administrativa del ámbito regional o a la Autoridad de Aplicación provincial la aplicación de una medida de protección excepcional. En el pedido fundado debe constar un detalle circunstanciado de las medidas de protección adoptadas,

una evaluación de las razones de su fracaso y una sugeren-
cia fundada de la medida de protección excepcional que
se estima conveniente adoptar. El pedido fundado debe
acompañarse de los informes de los profesionales del equipo
interdisciplinario interviniente.

La ley demarca el procedimiento, pudiendo infe-
rirse de la letra de la misma el carácter subsidiario de
la medida excepcional. La norma determina que, en
principio, una vez que los servicios locales ejecuten
todas las medidas de protección integral y cuando las
mismas fueran insuficientes para hacer cesar la amenaza
o vulneración del derecho del niño, niña o adolescente,
la autoridad local debe solicitar la medida excepcional.

Ante la excepcionalidad de la medida, la solicitud
debe ir acompañada por fundamentos del equipo interdisciplinario que ejecutó medidas de protección integral.
Ahora bien, parecería desprenderse del texto que sin
informe del equipo interdisciplinario no habría sustento
o fundamento para una medida excepcionalmente.

Esta aparente subordinación, delegación o atribución de funciones, tiene aristas que pueden derivar en
vicios de las medidas al momento del control de legalidad
que la ley le otorga a los jueces. Nos referimos a la inexistencia de equipos interdisciplinarios en la gran mayoría
de los municipios y comunas santafesinos. Esa inexistencia del equipo, implica una inexistencia del trabajo de
campo, y por ende una inexistencia de ejecución de la
medida de protección integral y consecuentemente una
ausencia de fundamento para la adopción de la medida
excepcional. Por ello, como vimos en la parte relativa
a recursos públicos destinados a financiar la acción
pública, es prácticamente imprescindible para permitir
una correcta operatividad del sistema, la instauración de

un sistema de financiamiento provincial para la confor-
mación obligatoria de equipos interdisciplinarios que
se desempeñen en el ámbito local, fortaleciendo de esa
forma la base de la pirámide de protección, fomentando
la actuación sobre la base de la proximidad, facilitando
la adopción de las medidas de protección integral y
restringiendo, como la ley lo quiere, la adopción de las
medidas excepcionales.

> Los trámites administrativos que demande la adopción de
> la medida de protección excepcional no obstan la aplica-
> ción urgente e inmediata de la medida, cuando el Servicio
> evaluare que la no aplicación urgente e inmediata de la
> medida implique un grave riesgo para la vida e integridad
> psicofísica de la niña, niño o adolescente.

El párrafo anterior, última parte del Artículo 58, implica la reafirmación de la prioridad del interés superior
por sobre el procedimiento administrativo establecido
legalmente, una aplicación del principio de informalis-
mo, avalado y justificado por la urgencia en la protección ante la amenaza o vulneración. De todas formas
debemos decir que esta actuación ante la "urgencia", no
implica en modo alguno discrecionalidad absoluta; por
el contrario, y como todas las conductas discrecionales
que posee la administración pública, debe ser ejercida
dentro de los límites legales y rodeada de los fundamentos y motivaciones suficientes que autorizan a un órgano
no habilitado legalmente a ejercer una competencia de
otro nivel estatal. En el caso concreto la autoridad local
deberá obrar dentro de los márgenes de razonabilidad
y legalidad exigidos a toda conducta estatal.

El Control de Legalidad de los Jueces

Ha quedado claro que la intención del legislador
ha sido sacar a los niños, niños y adolescentes de las
comisarías y juzgados; ello no obsta a que los actos del
Poder Ejecutivo sean controlables, en cuanto a su legalidad, por el Poder Judicial de la Provincia.[56]

> Las actuaciones administrativas deben ser puestas a dispo-
> sición del Juez o Tribunal Colegiado con competencia en
> materia de Familia a los fines de la realización del control
> de legalidad en el día siguiente hábil de adoptada la medida
> excepcional o de agotado el procedimiento recursivo si se
> hubiese planteado.

El control de las medidas excepcionales ha producido muchos inconvenientes en su instrumentación.
Normalmente los jueces esgrimen, con justa razón, el
excesivo cúmulo de trabajo y en muchos casos la dis-
persidad de las materias que se encuentran bajo su
competencia. En el caso de la Ley 12.967, acertadamente,
se limitó la actuación judicial al control de legalidad de
la medida excepcional.

Controlar la legalidad de una medida adoptada por
la administración provincial implica un test de compatibilidad de la medida con la normativa vigente y si es

---

[56]   Los jueces, bajo la nueva ley, tendrán dos grandes tareas: por
un lado, supervisar y dar legalidad a las medidas de "excepcionalidad" que decida el poder administrativo –separar al niño de
su núcleo familiar, básicamente–; por el otro, en la medida que
los gobernantes dejen de dar respuesta, exigirle que cumpla con
la misma ley que les otorga ahora el poder y la responsabilidad
principales para asegurar los derechos de todos los niños, institu-
cionalizados o no. http://www.periodismosocial.org.ar/area_in-
fancia_informes_recuadros.cfm?ar=33&cid=157&rid=2264

necesaria la interpretación de alguna norma que pudiera necesitar ese mecanismo para hacerla aplicable al caso concreto. La sola mención al control de legalidad excluye la posibilidad de intervención, apreciación, modificación y proposición de cualquier tipo ajena a la compatibilidad normativa apuntada. A pesar de la claridad de la norma y del indudable espíritu de la legislación, se ha observado una "insistente intervención" de algunos jueces en cuestiones de oportunidad, mérito y conveniencia a las que la autoridad de aplicación arribó por medio de la razonada decisión de los equipos interdisciplinarios intervinientes.

Ya dijimos, pero conviene repetirlo, que en derecho administrativo sólo puede ejercerse la competencia que ha sido expresamente atribuida y no rige el axioma del derecho privado por el cual todo lo que no está prohibido está permitido. Por el contrario sólo está permitido lo que está expresamente autorizado por la norma.

> Este tema no es muy diferente en cuanto a los interrogantes que plantea, como veremos, de las llamadas "zonas de reserva" tan a menudo invocadas por la Administración para cuestionar la jurisdicción del Poder Judicial sobre determinados casos. El extinto profesor Bidart Campos al responder una pregunta de la revista "Lecciones y Ensayos", dio la siguiente respuesta: "L y E: ¿Existe una verdadera zona de reserva de la Administración en la Constitución? B.C.: Contesto afirmativamente: cada órgano de poder tiene su propia zona de reserva. Por ende, la administración tiene la suya.[57]

---

[57]   Mas, Analía H.; Control de Gestión y control de Legalidad,www. adaciudad.org.ar/pdfs/revistas/adaciudad/1/R2_12_CONTROL_ DE_GESTION_Y_CONTROL_DE_LEGALIDAD_-_ANALIA_MAS.pdf

Desde la detección de una amenaza o vulneración hasta la llegada de las actuaciones a sede judicial, los equipos interdisciplinarios –con una mirada distinta a la judicial, con un contacto directo y próximo con el problema, y además con el aval normativo– brindan el fundamento para una medida excepcional. Todo este trabajo y toda esta estructura no puede ser alterada, salvo en lo que a la legalidad se refiere, por el juez interviniente.

Sin embargo, la Administración usualmente ha pretendido reservar para sí el análisis de la oportunidad, mérito y conveniencia del dictado de los actos administrativos. Ahora bien, ha señalado la Corte Suprema de Justicia de la Nación que el acierto o error, el mérito o la conveniencia de las soluciones adoptadas por los poderes políticos, no son puntos sobre los que el Poder Judicial pueda pronunciarse, salvo en aquellos casos que trascienden ese ámbito de apreciación, para internarse en el campo de lo irrazonable, inicuo o arbitrario (CSJN, in re "Paz, Carlos Omar c/ Estado Nacional" sentencia del 9/8/01)12. En ese sentido debe recordarse que para el Máximo Tribunal la legitimidad –constituida por la legalidad y la razonabilidad– es el principio que otorga validez a los actos de los órganos del Estado y permite a los jueces verificar su cumplimiento, sin que ello implique la violación del principio de división de poderes que consagra la Constitución Nacional (conf. CSJN, del voto de los doctores NAZARENO, MOLINÉ O'CONNOR, LÓPEZ y VÁZQUEZ, en autos "Cedale, Eduardo A. y otros c. Estado Nacional", LL, 1999 D, 147).[58]

Solamente debemos remarcar aquí que la ley no autorizó al poder judicial a realizar el control de oportunidad, merito y conveniencia, cuestión que el legislador

---

[58]   Mas, Analía H.; Control de Gestión y control de Legalidad,www. adaciudad.org.ar/pdfs/revistas/adaciudad/1/R2_12_CONTROL_ DE_GESTION_Y_CONTROL_DE_LEGALIDAD_-_ANALIA_MAS.pdf

ha reservado en forma exclusiva y excluyente al Poder Ejecutivo, el que lo materializa por los órganos existentes y los creados o a crearse al efecto. Por eso hablamos de sorpresa, porque se produce el extraño fenómeno de realizar una tarea que la ley prolijamente excluyó de la incumbencia judicial.

> Los trámites judiciales que demanden el control de legalidad no obstan la aplicación urgente e inmediata de la medida, cuando la autoridad administrativa evaluare que la no aplicación urgente e inmediata implique un grave riesgo para la vida e integridad psicofísica de la niña, niño o adolescente.

Nuevamente, reiterada y acertadamente, la referencia a la urgencia es apropiada y extensiva a todas las etapas del sistema de protección de los derechos del niño, niña y adolescentes, ya sea ésta administrativa o judicial, el interés superior siempre es el interés del niño, independientemente de la etapa procesal que la ley determine en la norma.

> Recibidas las actuaciones por el Tribunal o Juzgado competente en materia de Familia, el Juez deberá en el término de tres días efectuar el control de legalidad de las medidas excepcionales establecidas en esta ley y sus prórrogas, adoptadas por la Autoridad administrativa del ámbito regional o por la Autoridad de Aplicación provincial, ratificándolas o rechazándolas por auto fundado en el que se ponderarán, tanto el cumplimiento de los requisitos formales de las mismas, como la razonabilidad de las medidas dispuestas.

El Artículo 65 completa la descripción de la etapa jurisdiccional, reafirmando el control de legalidad en cabeza del Poder Judicial y obviamente otorgando las facultades de ratificar o rechazar la medida puesta a su consideración por la autoridad de aplicación. Pero reiteramos: esa aceptación o rechazo debe darse en virtud, única y exclusivamente, del exhaustivo control de legalidad que el juez realice en el caso concreto.

Por otra parte, cabe agregar que estas medidas, como las previstas en el Artículo 33 de la ley, no impiden ni impedirán la adopción de medidas propiamente cautelares de oficio o a pedido de parte interesada, pues más allá de la "desjudicialización" que se prohíba, lo cierto es que la ley no las prohíbe y no podría hacerlo, sin perder de vista la amplitud con que aparece regulada la prohibición de innovar y ya la medida innovativa contenida ambas en el Art. 230 del CPCCN, como la cautelar genérica prevista en el Art. 232 del citado código, dan más que holgado respaldo normativo a exclusiones y guardas strictu sensu y similares medidas, sea respecto de menores como de incapaces, con el alcance visto o con uno aun mayor si se quiere, y con total abstracción del hecho de que la Ley 26.061 haya eliminado la figura prevista en el Artículo 234 del CPCCN con respecto a los niños que contempla la Convención (Art. 74), desde que a igual resultado podría arribarse aplicando los artículos 230 ó 232 del citado ordenamiento.[59]

---

[59]   Kielmanovich, Jorge L., Revista La Ley, Buenos Aires, 2005, Tomo F, p. 987.

CONCLUSIONES Y PROPUESTAS

Conclusiones

1. Cumplir con la CIDN implica afianzar el Buen Gobierno, entendiendo por tal "aquél que busca y promueve el interés general, la participación ciudadana, la equidad, la inclusión social y la lucha contra la pobreza, respetando todos los derechos humanos, los valores y procedimientos de la democracia y el Estado de Derecho".
2. La CIDN se ha incorporado a nuestro derecho a través del Artículo 75 Inc. 22 de la Constitución Nacional.
3. Es imprescindible que las relaciones de coordinación, cooperación y colaboración se acentúen para permitir la materialización de los derechos y obligaciones contenidos en la CIDN.
4. La lista de obligaciones que surgen de la CIDN hacia los Estados constituyen un deber jurídico ineludible que debe llevarse a cabo mediante el desarrollo de una conducta eminentemente reglada por la Convención, la Constitución y las leyes dictadas en su consecuencia.
5. El Sistema de Protección Integral de los derechos de niños, niñas y adolescentes se encuentra regulado normativamente por la Constitución Provincial (Art. 23), la Convención Internacional de los Derechos del Niño, la Constitución Nacional (Art. 75 Inc. 23), la Ley 26.061 y la Ley Provincial 12.967, además de las normas reglamentarias dictadas en su consecuencia.

6. A partir de la Declaración Internacional de los
    Derechos del Niño, comenzó a transitarse el camino
    del cambio de paradigma; intentando abandonar
    la arraigada teoría de la "situación irregular" para
    solidificar el sistema de protección integral.

7. La consagración, protección y garantía del Interés
    Superior del Niño, Niña y Adolescente es el bien
    jurídico que el sistema integral persigue, y ése es el
    espíritu que ha guiado al Legislador de toda la nor-
    mativa mencionada en el punto 1. de las presentes
    conclusiones.

8. En virtud de la consagración del sistema federal en
    el Artículo 1 de la Constitución Nacional debe armo-
    nizarse, entre los distintos niveles estatales (Nación,
    Provincias y Municipios) la prestación competencial
    dirigida a lograr el mayor grado posible de protec-
    ción de los derechos de los niños, niñas y adolescen-
    tes. Para ello es necesario fomentar las relaciones
    de coordinación, colaboración y concertación.

9. Estas relaciones, propias del sistema federal de go-
    bierno, deben conjugarse con algunos principios
    propios de la organización administrativa, como
    son descentralización, subsidiariedad y proximidad.
    Todos ellos permiten articular competencias que
    por definición constituyen un fenómeno dinámico
    y hacen las veces de reguladores u ordenadores de
    la prestación competencial de que se trate.

10. En el caso del sistema de protección integral de
    los derechos del niño, niña y adolescente, la per-
    tenencia competencial normativa corresponde a
    nivel Nacional y Provincial. Pero ello no habilita
    a ningún sujeto, público o privado, que haya to-
    mado conocimiento de una situación de amenaza

o vulneración, a inhibir su actuación alegando la distribución competencial que la normativa realiza.

11. Todos los sujetos, públicos o privados que tengan conocimiento directa o indirectamente de que se ha amenazado o vulnerado el derecho de un niño, niña o adolescente deberá, no sólo dar comunicación fehaciente y oportuna al organismo administrativo que corresponda, sino que además deberá cumplir y hacer cumplir con las disposiciones legales vigentes en la materia (Convención Internacional de los derechos del Niño, Ley 26.061, Ley 12.967, etc.), con el alcance y la extensión establecido en el Artículo 4 de la Ley 12.967, como también en los artículos concordantes y correlativos.

12. En el ámbito de cada municipio y comuna santafesino, debe funcionar lo que la Ley 12.967 denomina "Autoridades Administrativas de Promoción y Protección de Derechos del Ámbito Local" que en virtud de la atribución de misiones y funciones que la legislación realiza se han transformado en la piedra basal sobre el que se edifica el sistema de protección integral de los derechos de niños, niñas y adolescentes.

13. El rol de colaborador, ejecutor, el primer nivel de intervención en la articulación del Sistema de Protección Integral, determinado por las políticas públicas que diseñe la Nación y las Provincias, debe ser desempeñado por los municipios y comunas santafesinos.

14. Una de las creaciones más importantes en la materia la constituyen los equipos interdisciplinarios que deben funcionar en el ámbito de las "Autoridades Administrativas de Promoción y Protección de Derechos del Ámbito Local"; son los que reafirman y sostienen la nueva mirada que el Sistema de

Protección Integral deja trascender. Sin este instituto el sistema se debilita y pierde sustento.

15. Que a pesar de ello, no consideramos apropiado el tratamiento legislativo que la figura del equipo interdisciplinario ha recibido en la Ley 12.967, necesitando en forma urgente e inmediata el desarrollo de acciones públicas tendientes a garantizar la vigencia, funcionamiento y operatividad, con eficiencia, eficacia y economía, en el ámbito de los municipios y comunas santafesinos.

16. El papel de los municipios y comunas en el ámbito de la Ley 12.967 se encuentra desequilibrado, pues la atribución competencial que surge del marco normativo no posee la asignación de recursos suficientes para su financiación.

17. El sistema de distribución de recursos públicos establecido por la Ley 23.548 (incompatible con las pautas establecidas por el Artículo 75 Inc.2) se constituye como un valladar infranqueable que afecta sustancialmente la financiación de las políticas públicas provinciales en la materia, impidiendo la satisfacción de las necesidades que surjan del Sistema de Protección Integral; ello repercute en forma directa y decisiva, sobre las funciones que la Ley 12.967 y el plexo normativo todo atribuye a municipios y comunas.

18. Por ello, es imprescindible e indispensable fortalecer los servicios locales y esencialmente los equipos interdisciplinarios que la ley ha creado en el seno de los municipios y comunas, ya que la intervención de éstos es la piedra basal del éxito o fracaso del sistema de protección implementado.

19. Las medidas de protección y las excepcionales están claramente motivadas en el deseo de obtener un

sistema efectivo y rápido de protección de la infancia, y ambas están destinadas a restituir el goce de los derechos amenazados o vulnerados de los niños, niñas y adolescentes. La distinción esencial es la exclusión de hogar o centro de vida.

20. De la Constitución Provincial y de la Ley 12.967 se desprende clara y expresamente que el niño, niña o adolescente debe permanecer en ámbito de su familia o centro de vida. Por ello deben extremarse los recaudos para que ese espíritu del bloque normativo se cumpla, propiciando la exclusión del sujeto que amenaza o vulnera el derecho de la familia o centro de vida, antes de adoptar una medida excepcional con respecto al niño.

21. Antes de adoptar una medida excepcional, debe sopesarse adecuadamente la posibilidad de excluir –si ese fuera el caso– al autor de la amenaza o vulneración del derecho. Si bien esta alternativa no surge de la letra de la ley, creemos que se desprende de todo el bloque normativo que regula la materia.

22. El abandono de la teoría de la situación irregular y su reemplazo por el sistema de protección integral implicó también un cambio en los operadores de la norma relacionada con los derechos de los niños, niñas y adolescentes. Hoy el papel del Poder Judicial en el ámbito de la Ley 12.967 está reservado al control de legalidad de las decisiones que son sometidas a su conocimiento según la normativa vigente. No puede, so pretexto de invadir la zona de reserva del Poder Ejecutivo Provincial avanzar sobre la oportunidad, mérito y conveniencia de la decisión adoptada.

Propuestas

1.Propuestas competenciales

a. Afianzar la seguridad jurídica en materia competencial incrementando la coordinación, colaboración y cooperación entre los distintos niveles estatales.

b. Democratizar la administración competencial y reducir el alto grado de autoritarismo que posee, desde hace mucho tiempo, el manejo de las mismas en las acciones públicas.

c. Desarrollo y aplicación efectiva de los principios de subsidiariedad y proximidad.

2. Propuestas Legislativas

a. Modificar el texto del Artículo 54 de la Ley 12.967, reemplazando la parte que dice "puede formular denuncia" por otra que diga "debe formular denuncia".

b. Modificar el texto del Artículo 56 de la Ley 12.967, reemplazando la parte que dice "tome conocimiento de la situación de vulneración de derechos se debe dar intervención a los equipos interdisciplinarios" por otra que diga "tome conocimiento de la situación de amenaza o vulneración de derechos se debe dar intervención a los equipos interdisciplinarios".

c. Incorporar al texto legal, la posibilidad de excluir de la familia (nuclear, afectiva, ampliada, etc.) o del centro de vida donde se encuentre el niño, niña o adolescente al sujeto que efectúa la amenaza vulnera el derecho o la garantía establecida.

d. Modificar el texto del Artículo 51 de la Ley 12.967, reemplazando la parte que dice: "Estas medidas son limitadas en el tiempo, no pudiendo exceder de noventa días, plazo que debe quedar claramente consignado al adoptarse la medida y sólo se pueden prolongar con el debido control de legalidad, mientras persistan las causas que les dieron origen", por otra que diga: "Estas medidas son limitadas en el tiempo, el plazo será fijado de acuerdo a las circunstancias de cada caso por la autoridad competente para adoptar la medida. El plazo deberá quedar claramente consignado al adoptarse la medida y sólo se pueden prolongar con el debido control de legalidad, mientras persistan las causas que les dieron origen".

3. Propuestas Económicas y Financieras

a. Hasta que se produzca el dictado de la Ley de Convenio de Coparticipación que establece la Constitución Nacional (Art. 75.2 y Cláusula Transitoria Sexta) que modifique sustancialmente el sistema establecido por la Ley 23.548, deberá instarse la firma, con el gobierno nacional, de un convenio de financiación competencial que aporte los recursos públicos suficientes para implementar, desarrollar y sostener el sistema de protección de derechos de niños, niñas y adolescentes.

4. Propuestas Operativas

a. Implementar con la mayor brevedad posibles convenios entre la Provincia de Santa Fe y los municipios y comunas, tendientes a crear los Servicios Locales de Promoción y Protección de Derechos y brindar la estructura (administrativa, económica, etc.) necesaria para el funcionamiento adecuado de los equipos interdisciplinarios exigidos por la ley.

b. Maximizar las relaciones de coordinación, cooperación y concertación entre la Nación y la Provincia de Santa Fe, por una parte, y los municipios y comunas santafesinos por la otra, para dar financiamiento y funcionamiento a los equipos interdisciplinarios que la ley ha estatuido que debe desempeñarse en los servicios locales.

BIBLIOGRAFÍA

Álvarez Echagüe, Juan M., "Los municipios, su estatus jurídico y sus potestades financieras y tributarias en el marco de la Constitución reformada", Revista Impuestos, Buenos Aires, 2000.

Álvarez Echagüe, Juan M., *Derecho Tributario Municipal*, Ed. Ad-Hoc, Buenos Aires, 2001.

Attías, Ana María y Lombardo, Ricardo Daniel, "Conflictos Urbanos", Grupo de Investigación FORURBANO - Instituto de Planeamiento Urbano y Regional, Facultad de Arquitectura y Urbanismo-UNNE, Buenos Aires, 2001.

Basset, Úrsula Cristina; "Sobre las medidas de protección en la ley 26.061. Una mirada desde otra perspectiva", Diario La Ley, Buenos Aires, 30 de abril de 2008.

Bidart Campos, Germán, *El orden socioeconómico en la Constitución*, Ed. Ediar, 6ta. Edición, Buenos Aires, 1999.

— , *Casos de Derechos Humanos*, Ed. Ediar, Buenos Aires, 1997.

Bidart Campos, Germán, *Manual de la Constitución Reformada*, 6ta. Edición, Ed. Ediar, Buenos Aires, 2003.

Borges Jorge L., "Nueva Refutación del Tiempo" en *Antología Personal*, Ed. Sol 90, Buenos Aires, 1996.

Botana, Natalio R., "La ciudadanía fiscal. Aspectos políticos e históricos", en la Conferencia Explicando la brecha Estados Unidos-América Latina. Determinantes políticos, institucionales y jurídicos del desarrollo económico, Buenos Aires, 11 y 12 de noviembre de 2005.

Cassagne, Juan Carlos, *Derecho Administrativo*, 6ta. Edición Actualizada, Ed. Abeledo Perrot, Buenos Aires, 2001.

Castorina de Tarquini, María Celia, *Derecho Público Provincial y Municipal*, Volumen I, 2da. Edición, La Ley, Buenos Aires, 2004.

Dromi, José Roberto, *Ciudad y Municipio*, Ed. Ciudad Argentina, Buenos Aires, 1997.

Ferreiro Lapatza, José Juan (Director), *Tratado de Derecho Financiero y Tributario Local*, Ed. Marcial Pons Ediciones Jurídicas S.A., Diputació de Barcelona, Madrid, 1993.

Fonrouge, Giuliani Carlos M. –actualizada por Susana Navarrine y Rubén Asorey -, *Derecho Financiero*, 5ta. Edición, Ed. Depalma, Buenos Aires 1993.

García de Enterría, Eduardo y Fernández, Tomás Ramón, *Curso de Derecho Administrativo*, Ed. Civitas, 8va. Edición, Madrid, 1997.

Gerloff Wilhlem y Neumark Fritz, *Tratado de Finanzas*, Ed. Librería El Ateneo Editorial, Buenos Aires, 1961.

Gordillo, Agustín, *Tratado de Derecho Administrativo*, Ed. Fundación de Derecho Administrativo, Buenos Aires, 1998.

Gordillo, Agustín, *Después de la Reforma del Estado*, Ed. Fundación de Derecho Administrativo, Buenos Aires, 1998.

Hernández, Antonio María, *Programa de Grandes Aglomeraciones Urbanas del Interior. Aspectos Jurídicos e Institucionales*, Ed. Instituto Federal de Asuntos Municipales-Ministerio del Interior, Buenos Aires, 1999.

Iglesias Martín, Antonio, *Autonomía municipal, descentralización política e integración europea de las entidades locales*, Ed. Ariel Derecho, Barcelona, 2002.

Losa, Néstor O., *Elementos de Derecho Público Provincial y Municipal*, Ed. Geema, Colección De Iure, Buenos Aires, 1996.

Marienhoff, Miguel S., *Tratado de Derecho Administrativo*, Ed. Abeledo Perrot, Buenos Aires, 1964.

Mazzalay, Víctor H., "Governance Regional para el Desarrollo Económico", Segundo Congreso Argentino de Administración Pública. Sociedad, Estado y Administración, Córdoba, 27 al 29 de noviembre de 2003.

Paglietta, Darío Omar, *Distribución de Recursos Estatales*, Ed. Nova Tesis, Rosario, 2005.

Paglietta, Darío Omar, *El Principio de Igualdad en la Atribución de Poder Tributario a los Municipios*, Ed. Federación de Municipios de Cantabria, Torrelavega, 2007.

Revista Jurídica de Derecho Administrativo, Universidad de Bogotá, N° 2, Bogotá, 2001.

Rosatti, Horacio Daniel, "Caracterización del municipio", ED 99-221.

Rosatti, Horacio Daniel, *Tratado de Derecho Municipal*, Ed. Rubinzal Culzoni, Santa Fe, 1991.

Sáenz Royo, Eva, *Estado Social y Descentralización Política*, Ed. Civitas, 1era. Edición, Madrid, 2003.

Sagüés, Néstor Pedro, *Teoría de la Constitución*, Ed. Astrea, Buenos Aires, 2001.

Spisso, Rodolfo R., *Derecho Constitucional Tributario*, 2da. Edición, Ed. Depalma, Buenos Aires, 2000.

Villegas, Héctor B., *Curso de Finanzas, Derecho Financiero y Tributario*, 2da. Edición, Ed. Depalma, Buenos Aires, 1975.

Zuccherino, Ricardo Miguel, *Tratado de Derecho Federal, Estadual y Municipal (Argentino y Comparado)*, Ed. Depalma, Buenos Aires, 1991.

Esta tirada de 100 ejemplares se terminó de imprimir en mayo de 2014 en Imprenta Dorrego, Dorrego 1102, CABA

www.ingramcontent.com/pod-product-compliance
Lightning Source LLC
Chambersburg PA
CBHW021601210326
41599CB00010B/549